丸わかり実家じまい

永野彰一

みらいPUBLISHING

はじめに　実家じまいは「社会貢献」になる！

「何年も帰ってなかったうちの実家、ゴミ屋敷みたいになっちゃった……」

「両親が亡くなって空き家になった実家、どうしよう？」

「実家を相続したけれど、田舎の家で使い道もないのに、税金だけはかかってしまう」


こんなお悩みを抱えている方もいらっしゃるのではないでしょうか。

本書は、多くのみなさんが頭を悩ませている「実家じまい」について、新しい視点から解決法を提示しました。

新しい視点とは何か。

それは「投資家」の視点です。

僕はこれまで、誰も見向きをしなかった「山」や「空き家」を極めて安い値段で買うという、常識の逆をいく投資法で成功して、億単位の資産を築くことができました。

空き物件を探して日本全国を歩き回っているうちに「実家をどうすればいいんだ？」と悩んでいる現役世代の方々から相談を受けることが増えていったのです。


世の中にはたくさんのビジネスがあります。

僕自身も、家庭の事情から15歳で家を出て自活する必要に迫られたので、多種多様な仕事に手を出してきました。成功したものもあれば、うまくいかずに撤退したこともあります。

そんな経験から、ひとつの真理に到達しました。

「人を喜ばせるビジネスはうまくいく」

シンプルですが、これがビジネスの本質だと確信しています。

だからこそ僕は、ビジネスは単なるお金儲けのためではなく、結果として社会貢献につながるものでなければならないと考えて、行動してきました。

全国各地で空き家をたくさん購入したのも、投資としてはもちろんですが、同時に社会貢献の意味合いもありました。

その家に自分が住んだり、別荘として活用すれば、生活するなかで地域にお金を落とすことになります。空き家だった家に誰かが住むというだけで、地域の活性化になります。

また「賃貸弱者」と呼ばれる人々に、格安の家賃で住んでもらうこともやってきました。

高齢者や生活保護受給者、低所得者などの賃貸弱者は、賃貸物件を借りようとしてもなかなか借りられない現状があります。

しかし、そうした賃貸弱者の方々にも住む場所が必要です。

僕自身も15歳で家を出たとき、最初に「どこにも住むところがない」という現実に直面して苦労しました。賃貸弱者のおかれている苦しい立場は身をもって経験しています。

普通の大家さんは、利回りを考えて安い家賃では貸したがりません。ですが僕は、そもそも空き家になっている物件を格安で購入していますので、貸し出すときも家賃を安く設定できるのです。

そうして、格安の家賃で多くの人に住んでもらっています。

住んでいただいたみなさんは、狭いワンルームマンションよりも広々とした戸建てに住めることでストレスなく生活できますし、家賃も安いということで出ていく人はほとんどいません。

長期にわたって安定した運用ができるという点で、投資としても優れているのです。

第一に、格安の家賃で提供することで、賃貸弱者の方々に住居を提供できること。

第二に、もともと格安で購入しているので、安く貸しても利回りが出て長期的に利益が出ること。

第三に、僕の手法を真似する人々が増えてきて、全国の空き家を購入して活用する動きが広まり、空き家問題の解決に進んでいること。

このように、売り手・買い手・社会がみんな得をする「三方よし」のビジネスを続けられているのです。

「人を喜ばせる」には、誰かの困りごとの解決も当然、含まれています。

実家が空き家になったまま放置された状態では、その地域が衰退するし、近隣住民の迷惑にもなってしまいます。

一方で、仕事や育児などに忙しい現役世代の人が、相続した実家、あるいは高齢になった親の住む実家を維持するために、時間と労力を割くのも大変な負担になります。

実家じまいのことで悩んでいる人がこれだけ多いのであれば、その解決法を広めることが、世の中のためになる！

僕はそう考えて、「実家じまい」の教科書をまとめようと決意しました。それが、この本です。

いま塩漬け状態になっている実家でも、適切な形で「実家じまい」をして手放すことができれば、抱えている負担も消えて楽になれます。

そうして手放された実家は、賃貸弱者の方々に格安の家賃で貸すなど、違った形で活用できれば、関係した人がお互いに得をする、「ウィン・ウィン」の関係で持続していけるのです。

そうした好循環を全国各地に起こしていければ、国家的な課題になりつつある空き家問題の解決にもつながっていくでしょう。

いま、あなたが抱えている実家の悩み、それはすぐにでも解決可能です。

この本を読んで、適切な形で「実家じまい」を行えば、家は必要とする人の手にわたって新たな価値を生み、社会はよりよい方向へと向かっていくのです。

ぜひ僕と一緒に「実家じまい」に取り組んで、自分の悩みを解決するだけでなく、世のため人のために一歩を踏み出そうではありませんか！

もくじ

第2章 実家じまいを始める前に

第3章 さあ、実家じまいを始めよう!

第4章 実家を1円でも高く売るために

第5章 実家じまいから空き家問題解決へ

第6章 知っておきたい相続の基本

第1章

実家が「負動産」になる時代

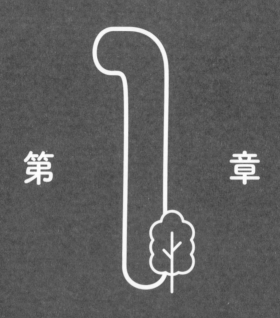

住宅総数の「7戸に1戸」が空き家

現在、日本にどれだけの空き家が存在するかご存じでしょうか？

総務省統計局の「住宅・土地統計調査」によると、日本全国にある空き家の総数は約849万戸（2018年時点）です。

住宅総数に占める空き家の割合は13・6％にまで達し、およそ7戸に1戸が空き家となっているのが実態です。

空き家とは「人の住んでいない家」のことです。中でも深刻なのは、別荘や賃貸用住宅などを除いた、「その他の住宅」に分類される住宅です。

「その他の住宅」には、居住者が入院などによって長期間不在にしている住宅や、建て替えのために取り壊す住宅、区分の判断が困難になっている住宅などが含まれます。これらは賃貸も売却も難しいため、空き家のままで放置される可能性も高いのです。

このように、特定の目的もなく長期間誰も住んでいない「その他の住宅」は全国で約349万戸におよび、空き家全体の41・1パーセントを占めているのです。

また、これら「その他の住宅」の所有者は、約7割が60代以上の高齢者です。現時点で賃貸も売却もできない住宅が、将来、子どもたちに相続されたとして、有効に活用できるとは思えません。

空き家問題はこれから先の未来、ますます深刻になっていくでしょう。

少子高齢化と新築過多で空き家が増加

空き家問題がここまで深刻化してしまった一番の理由は「少子高齢化」にあることはいうまでもありません。

日本の総人口は、2008年に約1億2808万人だったときをピークに、2018年には約1億2644万人と、約164万人も減少しています。

一方、総住宅数は２００８年が約５７５９万戸だったのに対して、２０１８年は約６２４２万戸と、４８３万戸も増えているのです。

高齢化によって寿命が延びると、誰もが若い頃に購入した住宅に住み続けられるわけではありません。介護施設や高齢者用住宅などに引っ越さざるを得ない人も増えています。

その世代だと、子どもたちもすでに独立し、別の場所で住宅を購入していたりします。仕事の都合などで都会に生活している子どもたちは、あえて田舎の実家に戻ってくる理由はありません。

まして核家族化も進み、家庭における兄弟姉妹の数が少なくなっていますので、親が住まなくなった実家に住もうとする子どもも減っています。

結果として、親世代がもともと住んでいた住宅は誰も住む人がいなくなるので、空き家になってしまうのです。

空き家が増えてしまったもう一つの理由として、「新築住宅の供給過多」が挙げられます。

前述の通り、日本では人口減少と裏腹に総住宅数は増加しています。これは核家族化とともに、新築住宅の人気が高く中古住宅の流通量が少ないという日本の不動産事情の影響があるでしょう。

新築住宅のほうが不動産会社の利幅も大きく割高なのですが、それでも新築の購入を希望する人が多いのです。

人口が増加しているわけでもないのに、新築住宅が多く建てられているのですから、その陰では使われなくなった中古住宅＝空き家が増えていくのも当然といえるでしょう。

更地にすると固定資産税が6倍に？

さらに、空き家が増えてしまった別の理由として、「固定資産税」の存在があります。

「活用できない空き家は解体して、更地にした土地を再利用すればいいじゃないか」

このように考える人も多いでしょう。非常にごもっともです。

しかし、それを難しくているのが固定資産税なのです。

実は固定資産税は、空き家がある状態で土地をもっていたほうが、更地にするよりも支払う税金が安く済む仕組みになっています。

不動産の所有者が支払う固定資産税・都市計画税には「軽減措置」があります。

200平方メートル以下の小規模住宅用地の場合、課税標準額が固定資産税は6分の1、都市計画税は3分の1に軽減されます。200平方メートル以上の一般住宅用地でも、同じく課税標準額が固定資産税は3分の1、都市計画税は3分の2に軽減されるのです。

固定資産税の軽減措置があるため、「固定資産税を払うのがもったいない」と考える所有者によって空き家が解体されずに放置されている面もあるのです。

国も、固定資産税の存在によって空き家が増えている現状を認識しています。

対策の一環として、2015年5月に「空家等対策の推進に関する特別措置法」

が施行されました。この法律は、地域住民の生活環境に深刻な影響を及ぼす「特定空き家」に該当すると自治体が判断した場合は、その物件に対する固定資産税・都市計画税の軽減措置を除外できるというものです。

「特定空き家」に該当するかどうかは、倒壊や火災のおそれ、衛生や景観、付近の生活環境への影響などから、市区町村長が判断します。そして、まずは管轄行政から家屋の撤去や修繕などの指導が入り、それでも改善しない場合は「勧告」が出されます。

「勧告」が出されると、固定資産税・都市計画税の軽減措置が除外されますので、小規模住宅用地なら固定資産税はこれまでの6倍、都市計画税は同じく3倍に跳ね上がってしまうわけです。

また、改善命令に従わないと、強制的に撤去（行政代執行）される場合もあります。その際の解体費なども所有者の負担になります。

つまり、従来は「空き家のままにしておけば税金が少なくなる」というメリットがあったのですが、今後はそうとも言い切れなくなりました。**空き家を放置しておくリスクは確実に高まっているのです。**

更地にしても売れない物件がほとんど

先述のとおり、空き家を解体して更地にしないのは、固定資産税の軽減措置がある影響が大きいです。

では軽減措置がなければ、どんどん空き家が解体されて更地になり、その土地を売ることができるようになるのでしょうか?

そんなことはありません。多くの場合、空き家は更地にしても売れない物件がほとんどです。

最大の理由は、空き家になるような土地、つまり地方や田舎は、そもそも周辺に土地の需要がありません。土地に需要があり、住みたいと思う人や、活用したいと考える不動産業者がいるようならば、そもそも空き家が問題になるほど廃《すた》れていないのです。

国土が狭い日本は、建物よりも土地のほうに価値があるというイメージがあります。それは確かにその通りなのですが、土地需要があるということが前提になります。

東京の都心部のように、土地需要が高い地域は価値もどんどん上がって高く売れます。空き家があるような地域はその逆で、土地が余っているために売りに出しても買ってくれる人がいないのです。

シンプルですがこれが現実です。どうしても売りたいなら、需要に合わせた値段設定、つまり非常に安い値段で売るしかありません。

また、土地が売れない大きな理由としてもう一つ、「境界が確定していない」というケースがあります。

境界とは土地と土地との境目のことです。境界が未確定の土地は、隣地所有者とのトラブルが起こる可能性が高く、裁判沙汰になるケースもあります。

そうした懸念があるので、境界が未確定の土地は買主がつきにくく、不動産業者も取り扱いを敬遠してしまうのです。

そのほかにも、「再建築不可」の土地は、売却が困難になります。

再建築不可の土地とは、現行の建築基準法に適合していないため、建物を再建築できない土地のことです。

よくあるのは無接道地です。建築基準法では、4メートル幅以上の道路に2メートル以上接している土地でなければ、建物を建築することはできません。

建物を建築した時点では問題がなかったのですが、周辺に建物ができたりした影響で無接道地になる場合はよくあります。再建築不可になった土地は、利用価値が劣るので売ろうにもなかなか売れません。

空き家になる土地には何かしらの理由があるので、解体して更地にすれば簡単に売れるというものではないのです。


「空き家を解体して更地にしたほうがいいですか？」

このような質問を受けることもよくあります。

僕は、倒壊のおそれがあるなどの場合以外なら、「家を残しましょう」とアドバイスしています。

家を残しておけば、壊れているところを修繕してまた使うこともできます。賃料を安く設定すれば、「不便な場所で古い家だけど、他で借りられない事情があるからここに住みます」という人が住んでくれるかもしれません。

売却する場合でも、「家を使うか、解体して更地にするか」という選択肢が残っていたほうが、買主の幅が広がり探しやすくなります。

一度、壊した家は元に戻せません。固定資産税の軽減措置という点を除いても、空き家を解体してしまうのは慎重に判断したほうがいいでしょう。

近隣から迷惑施設扱いされる理由

空き家を放置しておくと、なぜ近隣住民の迷惑となってしまうのでしょうか？巷でよく言われる理由としては、次のようなものがあります。

①空き家はいずれ廃墟化するので倒壊のおそれがある
②放火も含めた火災のリスクがある
③害虫が発生したり雑草が増殖したりする
④不審者の無断立ち入りなどによって治安が悪化するおそれがある

いずれのケースも実際に見聞きしたことがありますし、空き家が近隣から迷惑施設扱いされる大きな理由となっています。

しかし、僕が数多くの空き家を見てきて、最も深刻な問題は別にありました。**空き家が迷惑がられる最大の理由――それは「野良猫」です。**

人が住まなくなった空き家には、すぐに野良猫が住み着いてしまいます。誰かが一度でもエサをやってしまえば、たちまち何匹もの野良猫が集まってきて住み着くのです。

どんな都会でも、1軒どこかに空き家が出てしまうと、付近から野良猫が集まってきてしまい、たちまち猫屋敷になってしまうのです。

もう一点、倒壊のリスクについて付け加えておきます。

これは本当に不思議なのですが、人が住まなくなった家は早く壊れてしまいます。人が住んで玄関や窓を開けると風や湿気が入ってきますから、そのほうが家が傷むのは早いように思いがちですが、実際には逆です。誰も住まなくなって玄関も窓も閉め切った家は、すぐに傷んで廃墟になってしまうのです。

「家は生き物」とよく言われますが、本当にその通りだと実感します。

僕が所有している物件のなかにも、入居者もおらずほとんど活用できていないものもあります。そうした家にも、月1回は様子を見に行き、窓を開けて風を通すようにしています。

築50年以上のボロ家でも、たまに通って風を通すだけで家の状態はよく保たれていくので、やっぱり不思議ですね。

空き家でも維持費がかかる

「親が亡くなって田舎の実家を相続したものの、空き家になって放置している」

こんな人はたくさんいらっしゃいます。

現段階で近隣住民の迷惑になっていなければ、とりあえずそのまま放置しておくという選択肢もあるように思われるでしょう。

ところが、空き家はただ放置しておくだけでも、維持費がかかってしまうのです！

空き家の維持費にかかるお金をざっと挙げると、次のようになります（金額は概算）。

・固定資産税：課税標準額×1・4パーセント（標準税率）、土地建物それぞれに課税

・都市計画税：課税標準額×0・3パーセント（制限税率）、土地建物それぞれに

課税
・水道料金と電気料金：基本料金だけでも合計で年間約3万円程度
・火災保険料：年間約5万円程度。加入しないと天災・火災時に自費対応となる
・その他：修繕費、不法投棄されたゴミ処理費用、草刈り費、帰省のための交通費等

固定資産税と都市計画税については、土地や建物の大きさ、場所によって課税標準額が異なりますので一概にいえませんが、合わせて2～3万円以上はかかるでしょう。

税金以外の諸経費は、極端な話、払わないと決めれば払わないこともできます。しかし、失火などにより他から火をもらっても、自分で保証しなければなりません。庭に生えていた樹木を剪定せずに放置しておいたとして、風の強い日に木が倒れて通行人にケガをさせてしまったらどうしましょう？　これも損害賠償のお金を払うことになりますので、事故が起きる前に木を切っておく必要もあります。

このように、必要になる諸々の維持費を合計すると、誰も住んでいない、何も

使っていない空き家を維持するのに、少なめに見積もっても、毎年10万円以上のお金が費やされていくのです。

空き家を維持するだけでも、これだけのお金がかかる現実を知っておきましょう。

活用不可物件は早めの処分がベスト

現在は住んでいない家でも、「思い出のある実家を手放すのはしのびない」という心情が出てくるのは、人間として自然なことだと思います。

とはいえ、現実には空き家になってしまった実家を放置するだけでさまざまなリスクがありますし、それに加えてけっこうな金額の維持費がかかってきます。

ハッキリいえば、活用していない物件は保有しているだけで損をする状態なのです。

そのため、一時的には多少の手出し（自腹でお金を払う等）をすることになったとしても、早めに処分（売却）をしてしまうのが一番、得をするのです。

いらない家を処分する方法は、次のような形が一般的です。

①不動産会社に仲介してもらって売却する
②不動産会社に直接、買取してもらう
③自治体の空き家バンクに登録して、空き家を探している人にアプローチする
④相続の段階で相続放棄する

それぞれについて簡単に説明しておきます。

①の「不動産会社の仲介による売却」は、最もオーソドックスな方法でしょう。この形で買主が表れて売却できれば儲けものと考えるべきです。

空き家で再建築不可物件だったりすると、ほぼ値段がつきませんので、「1円」で売買されることもあります。それでも、目的もなく保有し続けて維持費とリスクを抱えるよりはよっぽど得です。

②の「不動産会社の直接買取」は、仲介による売却に比べて早く進みますので、「すぐにでも手放したい」という場合には選択肢となるでしょう。

ただし一般的には仲介よりも安い値段で買い取られます。空き家の場合では、売主が手出しをする、つまりお金を払って引き取ってもらう、ということもあり得るのです。

③の「自治体の空き家バンクに登録」は、自治体が運営している空き家情報を提供するサービスに登録することです。登録された空き家情報を見て、移住希望者が物件を購入したり、あるいは賃貸で住むということもあります。

空き家バンクはあくまでも、空き家の所有者と、活用を希望する人とをマッチングさせる機能しかありません。その後の交渉は本人同士でやることになりますが、不動産の売買や譲渡には専門的な知識が必要です。

そのため空き家バンクで買主や借主を見つけた後、不動産会社に仲介として入ってもらうことも検討しましょう。

④の「相続放棄」は、親が亡くなって実家を相続する段階で、それを放棄してしまうのです。将来的に実家が空き家になって活用できないことが予想されるなら、相続放棄も選択肢となるでしょう。

ただし、相続放棄をすると、家以外の財産（現金や株式等）も含めて相続財産すべてに対する権利を失います。「家は相続放棄するけど、現金は相続する」などと、相続財産ごとに選択することはできませんので、ご注意ください。

いずれにしても、空き家は維持するだけでもコストとリスクがかかりますので、早めの処分を検討するほうがいいでしょう。

「1円」での売買が成立する理由

僕はこれまで、たくさんの空き家を「1円」で購入し、自分が住んだり別荘にしたり、あるいは賃貸弱者の方々に貸し出したりしてきました。

「1円」というとみなさん驚かれるのですが、実際には「タダ」だったり、こちらがお金をもらって引き取るという「マイナス物件」も数多くあったのです。

不動産といったら、銀行から数千万円のローンを借りて購入するのが日本の常識です。ですから僕が「1円不動産投資」をはじめた当初は、周囲から「そんなことあり得ない！」と信じてもらえませんでした。

しかし、徐々に「不動産の現実」に気づく人が出てきて、僕と同じように1円で不動産を購入して活用する人も増えてきています。

「はじめに」でも書いたように、僕はこの流れこそが日本の空き家問題解決へのカギだと信じています。

「1円不動産投資」については、これまでの僕の著書で詳しく解説してきましたので、ここではポイントだけを説明します。

僕が不動産を購入するのは、次の3つのパターンのどれかがほとんどです。

①1円を売主に払って購入する。

②売主の手残りが1円になるように19万8001円で購入する。売主は仲介手数料として不動産業者に19万8000円（18万円プラス税）を支払う。

③1円で購入し、なおかつ売主から引き取り料をもらう。（マイナス物件）

ここで①と②の違いは、仲介手数料を売主が負担するか、買主が負担するかという点だけです。

①は売主が仲介手数料を負担するので、買主は1円を支払うだけです。

②は買主が仲介手数料を負担します。買主が支払った19万8001円のうち、売主は仲介手数料として19万8000円を不動産業者に支払い、手元に1円が残るのです。

③のマイナス物件の場合、売主が仲介手数料を支払います。

実際には、登録免許税などの税金が別途かかりますが、ここでは省略します。

なお、僕はあえて不動産業者の仲介を入れて、仲介手数料を支払うようにしています。そうしたほうが今後の取引にも役立ちますし、先方からも有益な情報がもらえる関係を築けるからです。

長期的にお互いが得になるように、必要な出費は惜しまないようにしています。

なぜ、不動産を1円で購入できて、場合によっては引き取り料までもらえるのか？

それはこれまで述べてきたように、空き家の所有者は維持費とリスクが負担になっているのです。

「1円でも、場合によっては引き取り料を支払ってでも、早く手放したほうが得である」

このように判断する所有者が増えているのが現実なのです。

逆に考えると、なぜ空き家が売却できないのかがわかってくるはずです。

売主や不動産業者が、これまでの不動産の常識、あるいは購入時の値段などに気をとられて、高い値段で売ろうとしているからです。

「不動産を高く売ろうとして、何が悪いの？」

そのように思われるかもしれませんが、都心の一等地ならともかく、田舎の空き家は安くしなければ売れません。

たとえ1円などの安い値段でも早く売却したほうが、維持費やリスクを考えれば

得なのです。

そして、「1円だったら空き家を買って、活用しよう」と考える買主も増えています。この需要と供給がマッチするようになりました。

売主は、空き家を所有する維持費とリスクから解放される。

買主は、安く不動産を購入して活用するチャンスを得られる。

近隣地域は、空き家が放置される問題がなくなり、新たな居住者によって地域が活性化する。

まさに「三方よし」の関係を築くことができます。ひいてはこれが、空き家問題の解決につながるのです。

実家が空き家になり、活用できる見込みがないのであれば、早く手放すのが自分にとっても得ですし、社会のためにもなるというのがおわかりいただけたでしょうか。

ワンルームマンション増加の問題

空き家になって使われていない実家を、多くの人が手放せば、賃貸市場に地方の戸建て物件が増えることになるでしょう。

すると、いま不動産投資で多く行われている、ワンルームマンションやアパートへの投資が激減するのではないかと期待しています。

同じ面積の土地であれば、戸建て1戸を家賃8万円で貸すよりも、狭いワンルームを4部屋作ってそれぞれ家賃5万円、合計20万円で貸したほうが、利回りがいいということは理解できます。

ですから現在、不動産業者は戸建てがあった土地をつぶして、ワンルームのマンションやアパートをどんどん建設しているのです。

しかし、ワンルームに入居したいという人は減っています。よほど都心部ならともかく、東京都内でも多摩地域だったり、あるいは少しでも駅から離れていたりすると、とたんに空室が目立っています。

そもそも、今の日本は少子高齢化によって人口減少しているにもかかわらず、住宅は供給過多の状態が続いています。

高齢化によって、単身の高齢者の賃貸需要は増加しています。高齢者は自分がいつ亡くなるかわかりませんので、あえてワンルームを購入しようとはしません。賃貸で入居しようとします。

ところが、ワンルームの賃貸物件は高齢者を入居させない傾向があります。ですからマッチングにズレが生じて、空室が増える結果になるのです。

苦し紛れに家賃保証をつけたり、サブリース契約をしたりしていますが、地方のアパートでは空室が続き、オーナーが耐えきれなくなって賃貸経営が破綻する例も出てきているのです。

これらの問題の出発点は、利益を追求するあまり現実のニーズにそぐわないワンルームマンションやアパートを建てすぎた、不動産業界の姿勢にあるでしょう。

部屋の数や広さにゆとりがある家で生活したいというのは、人間なら誰しもがもつ自然な感覚です。

「ワンルームと2DK、家賃が同じならどちらの家に住みたいですか？」

このように質問されて、ワンルームと答える人はほぼいないでしょう。

ですから僕は、数多くの不動産を所有していますが、ワンルームマンションは一つも持っていません。

利益追求のあまり、人間の自然な感覚を無視したワンルームマンション投資は、やがて廃れていくと僕は予想します。多くの人が実家じまいをして、地方の戸建て物件が賃貸市場に出てくることで、その流れは加速していくでしょう。

あなたの実家は負動産？

あなたの実家が「負動産」――つまりマイナスの価値しかもたらさない物件であるかどうかは、どこで判断すればいいのでしょうか。

僕が考える「負動産」の定義は、次の3点すべてにあてはまる物件です。

①売れない
②貸せない
③自分が住めない（今後も住む予定がない）

この3つにあてはまるようなら、間違いなく負動産であり、マイナスの価値しかもたらさないでしょう。一刻も早く実家じまいをして、手放してしまうのが得策です。

さらにもう少し細かい部分で、負動産であるかどうかを見分けるわかりやすいポイントは、以下のようなものが挙げられます。

①再建築不可物件
②郊外で駐車場がない
③トイレが汲み取り
④雨のたびに雨漏りがする

親から相続した実家が空き家になっていて、なおかつこれらの要件に当てはまるなら、一刻も早く対策が必要です。

そして、まだ親が存命で、実家に住んでいたとしても、日に日に老いていきます。認知症になったり、病気になったりして、意思の疎通が図れなくなるかもしれません。

「うちの親はまだ元気だから大丈夫」などとのんびり構えていたら、突然、親が倒れてしまい、その後の実家の扱いに困るというケースもよくあります。親が存命ならば元気なうちに今後の実家じまいの方向性を話し合っておくべきなのです。

次章から、実家じまいの具体的な方法について解説していきます。その流れに沿って、早め早めに手を打っておくことが、あなた自身の生活や財産を守ることにもなるのです。

第2章

実家じまいを始める前に

実家じまい5つのステップ

実家じまいの流れを大まかに整理すると、次の5つのステップになります。

本章では、この中でステップ1とステップ2にあたる、実際に実家じまいを始める前に必要な準備について説明していきます。

STEP 1 実家をどうするのか親族で話し合う（売却・賃貸・自己居住）

最初のステップは、「実家をどうするのか親族で話し合う」ことから始まります。
実家の持ち主、つまり親が存命であるかどうかによっても状況はかなり変わって

2

ステップ1
実家をどうするのか親族で話し合う（売却・賃貸・自己居住）

⬅

ステップ2
親族のリーダーを決める

⬅

ステップ3
業者へ相談する（不動産業者、不用品回収業者など）

⬅

ステップ4
家の中を片づける

⬅

ステップ5
実家を手放す（売却・賃貸など）

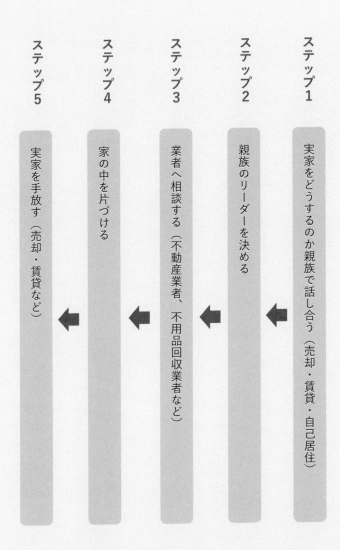

きますが、まずは親族が話し合って方針を決めるところからスタートします。

実家じまいの計画を立てるうえでまず決めておきたいのは、次の3つのうちどの方針でいくか、ということです。

①売却

②賃貸（売却以外の活用）

③自己居住（親もしくは親族の誰かが住み続ける）

この3つのどの方針で進めるかによって、実家じまいのやり方も変わってきます。

第1章で述べたように、僕の負動産の定義は「売れない、貸せない、自分が住めない」という3条件が当てはまる物件です。

なぜ実家じまいで多くの人が悩むかというと、「売れない、貸せない、自分が住めない」という負動産の条件に当てはまってしまうからです。

極端な話、実家が東京都内の戸建てだったとすれば、それが築50年以上のボロ家だったとしても、家賃10万円で募集すればアッと言う間に賃貸の入居者が現れるでしょう。

同様に、都内のタワーマンションの1室がどれだけゴミ屋敷になっていたとしても、残置物の整理さえすれば、あとは売却でも賃貸でもいかようにでも活用できます。

多くの人は、売却も賃貸も難しいような実家を引き継いでしまったからこそ悩んでいるのです。

それでも何とかして実家じまいの方針を決めて、一歩踏み出さなければいけません。ダラダラと放置していても、税金や維持費の負担がのしかかってくるだけです。いずれにしても、実家じまいのスタートは、親族が集まって「売却・賃貸・自己居住」について方針を話し合うところから始まります。

このプロセスをおろそかにすると、実家じまいをめぐって、親族間でトラブルが生じることがあります。相続に関する問題や、誰が実家を手放すかについて意見が分かれることもあるのです。

面倒かもしれませんが、ていねいに話し合いを進めましょう。それが後々の深刻なトラブルを防ぐことにもなるのです。

STEP 2

親族のリーダーを決める

次にステップ2は「親族のリーダーを決める」ということです。

実際には、ステップ1の「実家をどうするのか親族で話し合う」ことと並行して、「親族のリーダーを決める」も行う必要があるでしょう。

親が亡くなった場合、実家だけでなく親が持っていた現預金や株式などがあれば、それらも全部相続財産となります。

相続人間での財産分与ができない場合や、相続人間で財産分与について納得がいかない人がいた場合など、相続問題が生じることがあるのです。

「相続は争族」と言われるゆえんです。

「ウチは仲がいいから大丈夫」などと油断していてはいけません。仮に本人同士は仲がよかったとしても、それぞれ家庭を築いていれば配偶者の意向も無視できません。

財産があればあったで相続の取り分を少しでも多くしようという争いが始まります。

一方、実家じまいで悩んでいる家庭の場合、負動産となった実家の押し付け合いのような形で、やっぱり争いが起きてしまう可能性があります。

後でこうしたトラブルにならないためにも、最初の段階で主要な親族が顔を合わせて話し合い、大まかな方針で合意しておくことです。

そして今後の実家じまいについては誰が主導して進めていくのか、つまりリーダーを決めておくと、このあとの話もスムーズになります。

できればこの本を読んでいらっしゃるあなたが親族のリーダーとなって、少しでも負担や労力の少ない形での実家じまいを行っていただけると、あなた自身も楽ですし、周囲の親族からも感謝されるのではないでしょうか。

STEP 3

業者へ相談する（不動産屋、不用品回収業者など）

実家じまいを、売却・賃貸・自己居住のどの方針で進めていくのかが決まったら、次はその方針に応じて各分野のプロに相談していきましょう。

実家じまいは、主に次のような業者と連携をとりながら進めていくことになります。

・不動産会社（実家の売却、あるいは賃貸の相談）
・不用品回収業者（生前整理と遺品整理で業務内容や費用が異なる）
・清掃会社（不用品回収だけでなくハウスクリーニングが必要な場合）
・解体業者（実家を解体して更地にする場合）
・税理士（譲渡所得税、贈与税、相続税等の申告）
・司法書士（不動産の相続登記、相続人調査、相続財産調査、遺言書作成など）
・行政書士（相続人調査、相続財産調査、遺言書作成など）

・弁護士（遺産分割協議がもめそうな場合など）

これらの業者、また各種申請を行う士業に連絡をとり、相談してみましょう。

「依頼した場合に費用がどのくらいかかるのか？」

業者に相談する場合、一番大事なのはこの点なので、忘れずに確認しましょう。

不動産会社を介して実家を売却や賃貸をするのであれば、仲介手数料がかかります。

不用品回収業者に依頼する際の金額は、実家の広さや、不用品の量などによっても異なってくるでしょう。親が生きている間に行う生前整理と、亡くなってから行う遺品整理とでは業務内容も違いますし、「どこまでを自分たちでやって、どこからを業者に依頼するか」によっても費用は変わってきます。

不用品を処分した後の実家の清掃費、あるいは解体する場合の解体費なども、業者によってかなり異なってきます。

実際に相続が発生すると、相続税申告をはじめ各種の相続手続きが発生します。

その際には税理士、司法書士、行政書士などの専門家に依頼することになりますが、相続案件に慣れていそうな事務所を選んで依頼するのがよいでしょう。最近はニーズが増えているからか、相続案件が得意な事務所はホームページにわかりやすく記してある場合が多いです。

不動産関連の業者でも、あるいは士業でも、可能であれば複数に連絡して相見積りをとるべきです。

しかし、実家じまいの場合は時間が限られていたり、遠方に住んでいたりして、相見積りをとる余裕がないこともあります。

そんな場合でも、ネットで業者の口コミをチェックしたり、ある程度の相場を把握しておいたうえで費用の相談をすれば、大きく損をすることは防げるはずです。

業者さんを選ぶコツについては本書でもこのあと説明していきます。

2

STEP 4

家の中を片づける

親世代は基本的に「モノをため込んでしまう」傾向が強いので、いざ実家を片づけようとした際に、まず家財道具やゴミの膨大さに驚くと思います。

家の中にある膨大なモノを、廃棄するか、保持するか、売却するのかについて、判断基準を前もって決めておき、それから片づけを始めましょう。

なお、数多くの実家じまいを経験してきたうえで確信しているのは、

「実家の片づけは他人の手を借りたほうがいい」

ということです。

生前整理、遺品整理にかかわらず、他人の手を借りるのが鉄則です。

実家に住んでいる親本人では片づけられないのは当然ですが、子どもや親族でも、片づけは難しいのです。実家に入ると昔の思い出がよみがえってきますし、思い入れのある品物が出てくるたびに手が止まるのです。

こうなるといつまで経っても家の片づけは進みません。

他人、それもプロの業者さんに頼んで、ビジネスライクに進めてもらうことこそが、実家の片づけの要諦です。

片づけについて詳しくはこの後の第3章で説明しましょう。

STEP 5 実家を手放す（売却や賃貸など）

「本当にこの形で実家を手放してしまっていいのだろうか？」

いざ実家を手放そうとすると、このような思いに駆られる人もいるかもしれません。

これも、数多くの実家じまいを手伝ってきた僕が断言しましょう。

実家を手放すことは、絶対に正しいです！

さらにいえば、1日でも早く手放すことが正しいです！

「売れない、貸せない、自分が住めない」

こんな負動産になってしまった実家を保有し続けていては、維持費だけでどんどんお金が出ていってしまいます。トラブルが起きた場合には、さらにお金がかかるでしょう。

目的もないままに放置されている実家が空き家となり、それが日本全国で空き家問題になっているのです。

一方で僕のように、「1円」などで空き家を買おうとしている不動産投資家も、少ないながらも増えてきています。

つまり「実家が売れない」といっても、それは購入時の値段に近いような数千万円といった高額で売ろうとしているから、買い手がつかないのです。需要に合った値段まで下げていけば、買う人は必ずいますから、実家の売却はできます。

問題を先送りせず、早く片づけることで、出ていくお金も減ります。

「親が子どもに残してくれた家だから……」

こんなセンチメンタルな心情が芽生えることもあるでしょう。

しかし裏を返せば、親が残した家が問題になっているなら、その始末をつけるのも、子どもの役目であり責任なのです。

実家じまいは子どもが「やらなければならないこと」です。どうせやるなら効率的に手早く処理してしまうほうが、自分自身の人生を充実させることにもなるでしょう。

「売却・賃貸・自己居住」について方針を決める

ここからは【ステップ1】と【ステップ2】の段階、つまり実家じまいを始める前の準備で大事なポイントを述べていきます。

【ステップ1】で実家をどうするかの方針を決めます。

選択肢としては「売却・賃貸・自己居住」の3つになるでしょう。

まず自己居住ですが、実家がどんなに辺鄙な田舎にあったとしても、親族の誰かが住み続けられるのであれば、それが悩まずに済む一番の方法です。

残置物を撤去する必要もなくなりますので、ある意味、実家じまいの問題の大半は片づいたといえるかもしれません。

ただし実家を自己居住で使おうとする場合でも、使用収益性の観点は無視できません。

仮に賃貸などで活用したほうが収益を上げられそうならば、そのバランスをよく考えて判断するようにしましょう。


実家を賃貸で活用できるかどうかの判断基準は、

「固定資産税などの維持費以上の賃料が見込めるかどうか」

というラインが適切でしょう。

あまり高望みをしすぎて賃料を高めに設定しても、入居者がいなければ意味がありません。実家を放置した場合の維持費よりプラスアルファの家賃収入が見込めるなら御の字というスタンスで判断するようにしましょう。

後の項目で触れますが、単純に賃貸に出す以外にも、売却以外の活用方法はあります。

さまざまな方法を検討したうえで、維持費以上の賃料が見込めそうもないなら、売却するしかありません。

どんなに安い値段だったとしても、維持費を払い続けるよりはマシですので、早めに売却する決断をしましょう。


売却や賃貸など、実家を手放していずれ第三者が住むことになる場合は、残置物の撤去が必要になってきます。

ただし、残置物の撤去が不要な場合もあります。

売却の場合、買主によっては「残置物はこちらで処分するので、20万円安くしてくれませんか？」などと値引き交渉してくる人もいます。

後の項目でくわしく説明しますが、「残置物の99パーセントは捨ててよい」というのが僕の考えですし、負動産になりかけの実家なら、少しぐらい値引きされても

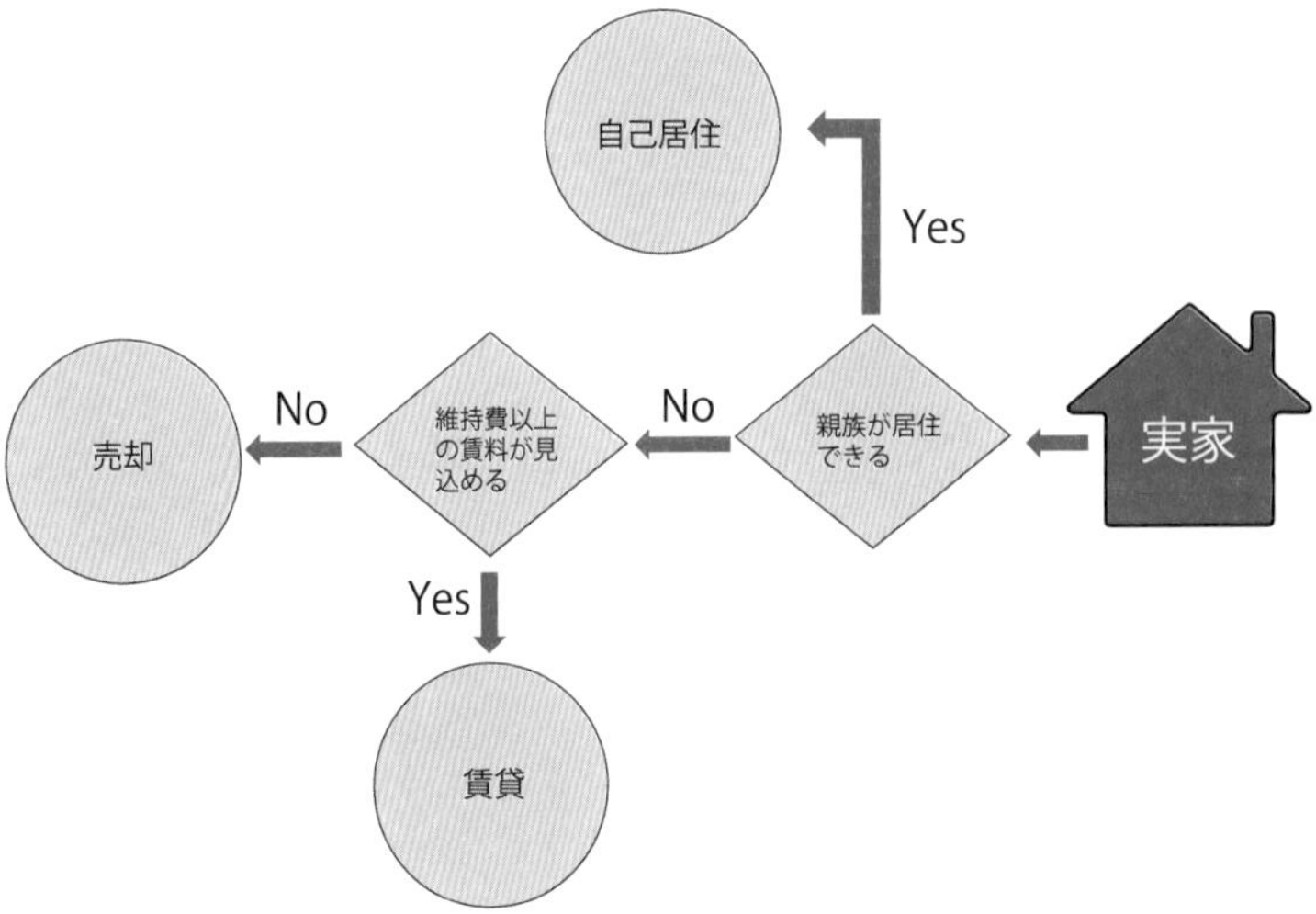

売却できるなら売却してしまったほうがよいのです。

残置物の撤去は、自分でやろうとすれば膨大な手間と時間がかかります。一方で業者に頼めばお金がかかります。

大きな家で、大量の残置物がある場合は、業者に頼んでも100万円近い金額がかかることもあります。だったら、20万円の値引きだけで買主が処分してくれるなら、そのほうがコストパフォーマンスがよいという場合もあるのです。

自分たちで業者に頼んだときの

費用と、買主への値引き分とを比較して、コストパフォーマンスが釣り合うなら残置物込みで売却してしまってもよいでしょう。

また賃貸の場合でも、残置物のある状態で内覧を行って、必要のないものだけを捨てるという方法で経費を節約することがあります。ほとんど要らないと言われることが多いですが、家電などは古くても使用できるものは残してほしいと要望されることもあります。

古い家に賃貸で住みたいという人は裕福でないことも多く、少しでも使えるものは残しておいてほしいというニーズもあるのです。後に賃貸で活用したいなら、残置物を撤去する場合でも家電製品は残しておいて損はありません。

なお、売却・賃貸・自己居住のいずれの方針でいくにせよ、電気・ガス・水道といったインフラ関係は解約せずに残しておくようにしましょう。解約して使わなくなると、どんどん設備が悪化していきますので、インフラは残しておくのが得策です。

実家じまいにかかわる関係者を掌握

実家じまいの方針を決め、親族のリーダーを決める段階で、相続にかかわるすべての関係者を掌握しておきましょう。

できれば相続が発生する前までの段階で、直接の血縁関係の有無にかかわらず、兄弟姉妹から親族に至るまで、相続にかかわるであろう人たちを全員リストアップしておきましょう。

話し合いの場に来られない人にも、多少なりとも連携をとっておいたほうが後でスムーズです。

相続が発生した際に対象となる相続人は、次のように定義されています。

「被相続人の財産上の権利義務を包括的に承継する者。被相続人の子、直系尊属、兄弟姉妹及び配偶者とされ、子と兄弟姉妹については代襲相続が認められる」（有

斐閣『法律用語辞典　第5版』法律用語研究会編より）

これをふまえて、実家じまいの5つのステップにおいてそれぞれ主要なプレーヤーとなる関係者は、次のようになるでしょう。

【各ステップで主要な関係者】

- **ステップ1：想定される被相続人、相続人全員**
- **ステップ2：ステップ1と同様**
- **ステップ3：決定した親族のリーダー、業者（不動産屋、不用品回収業者など）**
- **ステップ4：親族のリーダーをはじめとした残置物の持ち主**
- **ステップ5：親族のリーダーを中心とした相続人、被相続人**

業者さんはともかくとして、相続人をはじめとする親族の連絡先は掌握しておき、できれば最初の段階で一言声をかけておきたいものです。

実家じまいや相続の段階でいきなり声をかけて話し合いをするのは、なかなかハードルが高いかもしれません。

できれば親が元気なうちに、1年に1回くらいは連絡をとったり、年賀状や暑中見舞いのやり取りをするなど、ちょっとした交流をしておくだけでも話の進めやすさがかなり違ってきます。

少なくとも、親族が生きているのか死んでいるのか、どこに住んでいるのかくらいは掌握しておくといいでしょう。行方不明者がいた場合の扱いについても、検討しておきましょう。

実家を共有名義で相続しない

親が亡くなって実家を相続する場合、最初の話し合いの段階で、所有権について整理しておくことが重要です。

「実家を共有名義で相続しない」

このことが、後々のトラブルを予防する意味で非常に大切なのです。

所有者が複数いる状態は、意思決定がスムーズにいかなくなります。売却や賃貸などについても、最初に決めた方針どおりに進まなくなる恐れがあります。共有名義の不動産を売却するには、共有者全員の同意が必要になるのです。一人でも気が変わってしまうと、その人の説得などに時間と労力が割かれてしまうでしょう。

さらに、実家じまいが長期化しているうちに共有者に相続が発生し、新たな相続人が現れたりと、当初は予想しなかった混乱を招く可能性もあるのです。

不動産は現金と違って分けられません。共有名義にした実家は、売却や賃貸の意思決定がなかなかできず、結果として塩漬けになって放置されるケースが多々あります。実家じまいを少しでもスムーズに進めるためにも、共有名義での相続は避けましょう。

売却以外の実家活用法

実家を手放そうとした場合、最有力な選択肢は当然ながら「売却」になります。売却についての細かいノウハウは第4章で説明するとして、ここでは「売却以外の活用法」をいくつかご紹介していきましょう。

・賃貸収入の確保
※建物を貸すことで土地の相続税評価額が下がりますので、相続税の節税にもつながります（詳しくは第6章で解説）。

・シェアハウス
・ゲストハウスや民泊
・オフィスや商業施設

- **地域資源としての活用**
- **起業や事業展開の拠点**
- **実家を解体して土地活用**

実家を取り壊して更地にし、新たにアパートやマンションを建てて家賃収入を得る方法もあります。そこまで費用がかけられない場合、駐車場経営という手段もあります。

「早く手放したい」「安定的に土地を活用したい」「収益性を重視したい」「相続税の節税をしたい」等々、相続人や親族によってさまざまな事情や要望があると思います。

それぞれの目的に合った形で実家じまいを進めていきましょう。

「節税」を考えすぎると失敗する

実家じまいの方針を決めるにあたって、多くの人が陥る落とし穴があります。

それは「節税」というワードです。

もちろん節税そのものは悪いことでも何でもありません。節税ができるチャンスがあれば活用するのは当然です。

しかし、実家じまいや相続において節税を意識しすぎると、大きく損をする危険性があるので、注意しなければいけません。

「土地のままだと税金が高くなりますよ。アパートを建てて節税しましょう！」

不動産会社のこんなセールストークに乗って、相続した土地にアパートを建てたが、空室続きで初期投資が回収できず苦しんでいる大家さんの話はよく聞きます。

そもそも人口が減少して、郊外の戸建てが空き家になって問題視されている現状です。そんな土地にアパートを建てたとしても、どこまで需要があるかは疑問です。

都心部でタワーマンションの価格が高騰していますが、これも相続税対策で購入している高齢者がかなりの数いると言われています。

しかし、「節税は後からついてくれれば儲けもの」というぐらいの姿勢でいたほうがいいのではないでしょうか。実家じまいは、あくまでも収益性を重視して行うことです。現実的にいえば多少手出しをしても早く手放したほうが得というスタンスが基本です。

節税はあくまでも副産物であり、目的ではないことを忘れないでください。そして節税といっても、ほとんどの場合、課税の繰延であることも覚えておきましょう。

親とは定期的に会っておこう

実家じまいをする準備として最も大事なことを言っておきましょう。

「親とは定期的に会っておこう」

当たり前のようですが、これが極めて重要なのです。

実家じまいを決意されるきっかけは人それぞれでしょう。

久しぶりに実家に帰省したらゴミ屋敷になっていて、「このままではマズイ」と思ったかもしれません。近隣からのクレームがあって、慌てて実家じまいを考えるという場合もあります。

親が高齢で身体的に自由が利かなくなったり、認知症の症状が出たりして、このまま実家に住み続けるのが難しくなった状況の人もいるでしょう。

親が亡くなって相続が発生してしまえば、ある意味、実家じまいをやらなければならない状況に追い込まれたともいえます。

もし親がまだ存命であれば、とにかく定期的に会うことを意識してください。

親といっても人間です。定期的に顔を合わせて話をする人には情が移りますし、その人の言うことなら聞く耳をもつものです。

いくら実の子どもでも、何年も会っておらず連絡もとっていない人間がいきなり家に入ってきて、「家を片づけよう。いらないモノは捨てる！」と家財道具を処分し始めたら、それは反発するのも当たり前です。

実家じまいに取り組むのは、30～50代くらいの現役世代が多いでしょう。自分自身の仕事や育児などにまだまだ忙しい時期のはずです。

田舎の親と定期的に会うのは時間的にもなかなか難しいかもしれません。盆と正月でもいいですし、年1回くらいになってしまうかもしれませんが、頻度はともかくとして定期的に会うように心がけましょう。

僕自身も、いろいろ事情があって15歳で実家を追い出された立場ですが、大人になってからは月に1回は実家に帰って親と会うようにしています。時間があれば旅行に行ったり、近場で温泉に行くなど、一緒に過ごしています。

ちなみに、親子が一緒にいすぎるとかえってケンカになるので、ちょっと顔を出して1～2日くらい同じ時間を過ごし、また帰っていくくらいでいいでしょう。お互いが負担にならない段階で「また今度！」と切り上げればいいのです。

そのくらいの距離感を保っておくと、いざ実家じまいが始まってからの親との話し合いが、非常にスムーズに進みます。まだ親が存命で元気なご家庭であれば、意識してみてください。

第3章

さあ、実家じまいを始めよう！

親ともめないで実家の片づけを始めるには

第3章からは、実家じまいをスタートしてから起こるさまざまな問題に具体的にお答えしていきたいと思います。

親が存命で実家に住んでいる場合、最初のハードルとなるのが、

「実家じまいをどうやって親に納得してもらうか?」

ということになるでしょう。

僕も「どうやって親を納得させればいいでしょうか?」という相談を受けることがよくあるのですが、答えは決まっています。

「親が実家を残したいのであれば、実家じまいをしないで残しましょう」

この本の主旨と違うと思われるかもしれませんが、実はこのスタンスは非常に大

事です。実家はあくまでも元々それを建てた親のものであり、親の意思を無視するわけにはいきません。

実家じまいで悩まれている方のほとんどは、実家が「負動産」になりそうで困っているのだと思います。しかし子どもにとっては「負動産」でも、親からすれば一生懸命ローンを払ってきて手にした、思い入れのある実家でもあるのです。

ですから、どんな状況であっても「実家を残したい」と親が言うのであれば、それは残すべきだという姿勢が前提となります。

その姿勢をもって接し、少しずつ親に納得してもらうことが、親ともめずに実家じまいを始めるコツだともいえるでしょう。

親が元気なうちに所有権を移転しておく

親が存命でも、高齢になって判断力が低下したり、あるいは認知症を発症したりすると、意思疎通がなかなか難しくなります。

先に「親が実家を残したいのであれば残すべき」と書きました。

ですが、仮に実家を残すとしても、親が元気なうちにやっておくとよい大事な手続きがあります。

それは、「実家の所有権の移転（名義変更）」をしておくことです。

所有権を親から子どもに移しておけば、仮に今後、親が認知症になったり施設に入ったりして意思の疎通が難しくなったとしても、実家の売却といった意思決定を子どもが行えるようになります。

親が亡くなって相続が発生すれば、どちらにしても実家の名義変更を行う手続きは必要になります。

相続発生後は、相続財産の調査や相続税申告など、その他にもたくさんの手続きを行わなければいけません。相続発生後の負担を軽減する意味でも、実家の名義変更は親が元気なうちにやっておくと後が楽になるでしょう。

親が元気なうちに実家の所有権を移転するには、「生前贈与」という手続きを行います。生前贈与の手続きは相続に詳しい専門家に依頼するのがよいのですが、簡単に流れを説明しておきます。

①実家の相続税評価額を計算する

相続税評価額によって、相続税や贈与税の額が決まってきますので、実家の土地と建物の相続税評価額を最初に算定しておくとよいでしょう。

②贈与税の金額を計算する

贈与税には年間110万円の基礎控除額が認められています。毎年の基礎控除額の範囲内で生前贈与を行う「暦年贈与」を使って贈与税を軽減するやり方もあります。

③必要な書類を収集

生前贈与を行って実家の名義変更をするには、次のような書類が必要です。

登記識別情報通知、印鑑証明書、住民票、固定資産評価証明書

④贈与契約書を作成する

贈与税の計算や必要書類の収集が終わったら、贈与契約書を作成します。

生前贈与は、贈与者（親）と受贈者（子）の同意があれば成り立つので、必ずしも贈与契約書が必要なわけではありません。ただ、後でトラブルになるのを防ぐ意味でも、契約書を作っておくほうが安心です。

⑤所有権移転登記を行う

持ち主が変わった実家の所有権移転登記を、実家の住所地を管轄する法務局で行います。司法書士等の専門家に、贈与契約書の作成とセットで依頼するのがスムーズです。

⑥贈与税を支払う

生前贈与をした翌年の2月1日〜3月15日の期間に贈与税の申告と納税を行います。

3

生前贈与のネックとなるのは贈与税の支払いです。生前贈与の際にかかってくる贈与税は、一般的に相続税よりも税率が高くなります。贈与税の負担があまりにも大きくなりそうであれば、生前贈与をやめておくという選択もあるでしょう。

また、所有権が子どもに移転すれば、その後の実家にかかる固定資産税等の支払い義務も所有者である子どもにかかってきますので、注意してください。

「実家の所有権を移転する」というと、すぐに実家を売却されるなどといったことを警戒される親御さんもいるかもしれません。

ですが、所有権を子どもに移転したうえで、実家はそのまま残している家庭もたくさんあります。あくまでも、認知症など不測の事態になっても手続きがスムーズに行えるための予防的措置であり、実家を守るための方法なのだと説明して、親に納得してもらいましょう。

親との信頼関係を損なってしまうと、このあとの実家じまいが困難になりますので、ていねいに話を進めるよう心掛けてください。

実家の片づけは業者に依頼の一択！

実家じまいで多くの人が悩むのは、

「実家の片づけは自分たちでやるべきか？　それとも業者に依頼するか？」

ということです。

片づけを自分でやるにせよ、業者に依頼するにせよ、それぞれにメリットとデメリットがあります。

【自分でやる場合】

・メリット：費用があまりかからない

・デメリット：時間的、体力的、精神的な負担が大きい

【業者に依頼する場合】

・メリット：自分自身の時間や労力がかからない。大きな家具の処分もできる。
・デメリット：費用がかかる（実家の規模によって異なるが数万円から数十万円）

つまり、自分でやる場合と業者に依頼する場合のメリットとデメリットは、コインの裏表のような関係になっているのです。

どちらを選択するかは、家族の状況に応じて話し合いで決めるべきですが、僕にアドバイスを求められたときは即答しています。

「**片づけは他人（業者）に任せるべきです！**」

ハッキリ言って、実家を自分で片づけるのは、普通の人には無理だと思ってください。

新米の不動産投資家で、残置物がある古い戸建てを買ったとき、費用を節約しようと自分で片づける人がいます。

すると何が起きるか？

残置物を片づけながら、「この家財道具はまだ使える」などと吟味し始めて、使えそうなものを持ち帰ろうとするのです。そうして片づけは全然進まず、自宅には持ち帰ったモノが詰まったダンボール箱がたまっていく……。

2軒目あたりで彼らも「家の片づけを自分でやってはダメだ」と気がついて、お金を払ってでも業者に依頼するようになるのです。

投資目的で買った家ですらそうなのですから、まして自分の実家となれば、思い出があるモノばかりでなかなか捨てられないというのが人間の心情です。

「子どもの頃の写真だ、懐かしいな〜」

「昔、よく遊んだオモチャだ。こんなにボロボロになってもとってあったんだ……」

こんなふうに、懐かしい物品が出てくるたびに手が止まってしまうものです。

時間によほどの余裕がある人で、実家を片づける時間を過ごすことで心を整理したいといった希望があるなら、自分で片づけるのもいいでしょう。ただ、仕事や育児などに忙しい現役世代の人にはお勧めはしません。

結局、多少お金はかかったとしても、実家の片づけはプロの業者に任せてしまったほうが絶対にいいと断言できます。

「時は金なり（タイム・イズ・マネー）」

実家じまいを行うにあたっての基本的な考え方は、「時は金なり（タイム・イズ・マネー）」であるべきです。

実家を片づけた後、売却するにせよ賃貸に出すにせよ、1日でも早く募集をかけることが大切です。

片づけを自分でやろうとして、「このボールペンまだ使えそうだな」などと一つひとつモノを吟味しながら行っていたら、あっという間に1日が終わってしまうでしょう。

その結果、賃貸の募集を出すのが1日遅れてしまいます。もし同じエリアで物件を探しているお客さんがいたとして、1日募集を出すのが遅れたことにより、その日に別の物件に決めてしまう可能性もあるのです。

もし借りてくれるお客さんがいたとしても、1か月早く募集を出していたら、1か月早く決まり、家賃も1か月分多くもらえたわけです。

だから僕は、「残置物で使えるボールペンがあったとして、それが将来もらえる家賃5万円の価値がありますか?」と聞くようにしています。

実家じまいは数週間、数か月といった時間がかかることは珍しくありません。ダラダラと片づけをしている間、物件は何の価値も生み出しません。

1日でも早く、売却や賃貸をすることによって、収益を生んだり、維持費を節約できるのです。


この観点からいうならば、「リサイクルが好きな人」は実家じまいにとって大きなリスクがあります。

実家を片づけていて出てきたいらないモノを、リサイクルショップにもっていって売る、あるいは「ヤフオク!」や「メルカリ」などのオークションサイトで出品する。一見、それはお得な行動に見えるかもしれません。自分の家のモノでリサイクルをやるなら、僕も大賛成です。

しかし、膨大な不用品が出る実家じまいでモノをリサイクルしようとすると、作業の手間暇だけでかなりの時間がとられます。

さらにオークションサイトで出品するなら、実際に商品として売れるまでは保管しておかなければいけません。つまり、実家に荷物を置いたままにしておかざるを得なくなるのです。

その結果、実家じまいがどんどん遅れていくのです。

実家を1日でも早く片づけることが、収益を生んだり、維持費の節約につながったりするのです。

「時は金なり」は単なる精神論ではなく、実家じまいをやり遂げるうえで忘れてはいけない現実そのものだと心得てください。

仕事と実家じまいの両立は可能か？

「仕事が忙しくて、とてもじゃないけど実家じまいや相続のことにまで手が回りません」

僕のところにはこんな相談が寄せられることがよくあります。

親が70〜80代くらいの高齢になって実家のことが問題になっているわけですから、子ども世代は40〜50代前後の方々が多くなります。ちょうど仕事上でも役職を担ったりして、多忙になってくる世代でしょう。自分の子どもの教育費もこれからさらにかかる、という人もいるはずです。

都会でバリバリ仕事をしながら、田舎の実家に戻って片づけを行うのができないのは、無理もありません。そんなスーパーマンのような生活は常人には不可能です。

実家の片づけを業者に依頼することを勧めるのも、仕事が忙しい現役世代にとって、実家じまいを自分の手だけで完結させるのは、ほぼ不可能だという現実を見てきたからなのです。

ただ、押さえるべきポイントを押さえたうえで、プロの力を効果的に借りることができれば、仕事をしながら実家じまいをやり遂げることは誰にでも可能です。

「餅は餅屋」という言葉もあります。すべてを自分一人で抱え込もうとせず、必要なところはお金を払ってプロの力を使いましょう。

そして、ダラダラと長引かせることなく、なるべく早く終わらせて、実家をさっさと手放してしまうことです。多少、お金を使ってでも早く終わらせることが、結果的には金銭的にも負担が少なくなるのです。

「仕事が忙しくて、実家じまいなんてムリ！」

そんなふうに悲観したり諦める必要は一切ないのです。

不用品回収業者の選び方

インターネットで「ゴミ屋敷　片づけ」「遺品整理」などといったキーワードで検索すると、たくさんの業者さんの名前が挙がってきます。これでは、どうやって選べばいいのかわからなくなってしまうかもしれません。

不用品回収業者、あるいは遺品整理業者の選び方について、ポイントをいくつか挙げておきます。

●見積りをとる

業者に依頼するデメリットは費用がかかることです。実家の広さや処分する荷物の量を概算して、必ず見積りをとるようにしましょう。会社のウェブサイトに料金の目安が書いてあります。可能であれば複数の業者に相見積りをとり、それが無理でもウェブサイト上の情報から比較検討し、料金の相場が妥当な会社に依頼するようにしましょう。

なお、見積り段階で他と比べてあまりにも安い業者は、コストカットのために必要な人員を削減したり、あるいは作業の途中から追加費用を求められたりする可能性もあります。飛びぬけて安いのは何かの理由がありますので、注意しましょう。

●「何をやってくれるのか」を確認

不用品を片づけただけでは住めるようにならない場合もあります。床などの簡易清掃をやってくれるのか、その場合はいくらかかるのかなども、実家の状況に応じて確認しておきましょう。

●実家の近くの会社を選ぶ

不用品回収業者にかかわらず、売却や賃貸を任せる不動産会社なども含めて、できるだけ実家の近くの会社を選ぶべきです。アフターサービスの頼みやすさや、隣接分野の他の業者を紹介してくれる可能性など、長い目で考えると実家の近くの会社に依頼するほうがいいでしょう。

●「遺品整理士」の資格の有無

「遺品整理士」という資格があります。一般財団法人遺品整理士認定協会が認定する民間資格です。遺品整理にこの資格が必須というわけではありませんが、遺品整理の取り扱い基準や法規制などについて一定の知識を有しているという目安にはなるでしょう。

ここに挙げたポイントを参考にして、不用品回収業者への依頼をしてください。

不用品回収業者の選び方（上級編）

さて、前項目で紹介した選び方の基本を踏まえたうえで、「もっと安くていい仕事をする業者を探したい」という人のために、「上級編」をご紹介しましょう。

これは、僕が不用品回収業者を探すときに、実際に使っているやり方です。

先に述べたことを否定するようですが、僕はネットで検索して出てくる会社に依頼することはほとんどありません。

検索して上位に出てくる会社というのは、SEO（検索エンジン最適化）対策のためにかなりの費用をかけています。

試しにネット検索で「A市　ゴミ処理」などのキーワードで検索すると、「A市のゴミ処理ならこの会社におまかせください」というようなホームページが上位に出てきます。次に「B市　ごみ処理」と、少し離れた地名で検索し直しても、「B市のゴミ処理ならこの会社におまかせください」と、A市のときと同じホームページが出てくるのです。

こうした会社はたいてい、電話番号がフリーダイヤルになっていて、問い合わせをすると「家は何市ですか?」と確認されるところからはじまります。「A市のゴミ処理ならおまかせください」と書いてあるから連絡しているのに、変ですよね。

SEO対策に費用をかけている会社は、このように違う地名で検索しても自社が検索上位に出てくるようになっているのです。

会社としてはその費用を回収しなければいけませんので、必然的にお客さんへの請求額に上乗せされることになります。

ネット検索して出てくる会社が公表している回収価格の目安は、ある程度の幅のなかに収まっているでしょう。それは、どの会社もSEO対策費を上乗せしている結果、同じくらいに割高の金額になるということなのです。

「ネット検索がダメだというなら、どうやって業者を探せばいいのか？」

そう疑問に思われるでしょう。

僕は次のようなやり方で探しています。

・グーグルマップで「市区町村名」「残置物　回収」などで検索

・マップ上に出てきたなかから「ホームページがなく電話番号だけ」の会社に依頼

シンプルですがこのやり方が、「安くてきちんとした業者に出会える」可能性が一番高いのです。

「ホームページもない会社で大丈夫なのか？」

不安に思われるかもしれませんが、大丈夫です！

ホームページがなくて電話番号しかない会社というのは、たいてい個人でトラック数台だけでやっている規模の業者が多いのです。SEO対策費をはじめ、会社の維持に余計な費用がかかっていませんので、回収価格が安いことがほとんどです。

なおかつ、個人で電話番号だけを公表して仕事ができているということは、地域に根を張ってきちんとした仕事をしてきている可能性も高いのです。

ボッタクリで高額請求をしたり、変な仕事をして悪い評判が立てば、すぐに仕事がなくなって廃業しているはずですから。

僕もこのやり方で探した業者さんで、変な人はほとんどいませんでした。長年やってきた自分のお仕事にプライドをもっていて、「困っている人が助かればいいんだ」と、すごく安い値段できっちりと残置物処理をしてくれるのです。本当に助かっていますし、みなさんと長いお付き合いをさせていただいています。

少しでも不用品回収の費用を節約したい方は、この「上級編」のやり方を試してみるといいでしょう。
なおこのやり方は、不動産を売却する業者を探す際にも使えます。

見積りをとる際のコツ

見積りのとり方についても、僕がやっている手法をご紹介しておきます。これもやや「上級編」といえるかもしれません。

僕は複数の業者から同時に見積りをとる、いわゆる「相見積り」をすることはあまりありません。

そのかわり、このような言い方をします。

「僕はこの市（町村）で物件を扱うのは初めてなんだけど、他のエリアでは結構たくさん扱っています。相場ぐらいの値段でやってくれるなら、相見積りはとらないでお宅にお願いするつもりです」

このように伝えたうえで、出てきた見積りの値段が高いと思ったなら、「隣の市でやったときはもう少し安かったので、念のため相見積りをとらせてもらいますね」と話をもっていくわけです。

ですが、実家じまいをされるみなさんにとっては、「他でたくさん物件を扱っている」という言い方はできないと思います。

そこで、こんな言い方はどうでしょうか?

「友人が、うちと同じくらいの大きさの実家を片づけた際には、業者さんにこのくらいの金額でやってもらったと聞きました」

ハッタリと言われればその通りなのですが、何も知らない素人だと思われると、高値をふっかけられる可能性もあります。相場を知っているという雰囲気を出したほうが、業者としても変な見積りは出せなくなるので効果的です。

また、実家がある自治体のゴミ処理施設に持ち込んだ場合、いくらで処理してくれるのかの金額もおさえておきましょう。これはホームページ等で公表されている情報で十分です。その金額をきちんと把握しておくだけでも、「実際にかかる処理費用から考えて、業者の取り分がどのくらいなのか」がわかるはずです。

ちなみに、僕がお仕事をしている業者さんの不用品回収の相場は、「1トンあたり1万5000円」です。

もちろんこの金額は、継続的にいろいろなお仕事をしていただいているなかでの価格です。いきなりこの金額でやってくれる業者さんはほとんどいないかと思います。

しかし、「本当はこのくらい安くやってくれる」という事実を知っているだけでも、金額交渉の際に精神的な余裕が生まれます。知識として覚えておくと損はないでしょう。

「金目のモノを盗む業者」は実在するか？

「残置物の処理を業者に頼むと、金目のモノを盗まれるのではないか？」

このように心配する人がけっこういらっしゃいます。

そのお気持ちはよくわかりますが、あまり心配はし過ぎなくてもいいでしょう。

僕が見聞きした範囲で申し上げますと、「数百円程度のお金はもっていく業者がいるかもしれないが、数千円、数万円単位でもっていく業者はいない」というのが業界の現実かと思います。

意地悪な不動産投資家は、あえて残置物の中にいくらかのお金を紛れ込ませておいて、業者さんが拾得したことを正直に申し出てくるかをテストするなんて話も聞きます。

当然、業者さんもそうした話は耳にしているでしょうし、「あそこはお金を見つけても自分のポケットに入れる」なんて悪評がたつと商売に影響しますから、そこまで悪どい業者は少ないと考えていいでしょう。

ただ、業者さんが盗むかどうかは別にして、亡くなった親が銀行預金とは別に現金を自宅に保管している可能性はあります。そこは残置物撤去を業者に依頼する前によく確認しておいたほうがいいでしょう。

業者も気がつかずに、多量の残置物と一緒に現金を処分してしまう可能性もあります。

金庫の類があればもちろんですが、天井裏や床下、あるいはベッドの下やタンスの奥、引き出しの中など、「親がへそくりを隠しておきそうな場所」は念のため確認しておくべきです。

高齢者は現金を手元に置いておきたがる傾向があります。実家を片づけていたら、予想外の多額の現金が出てきたという話はけっこう聞きます。

なお、家から出てきた現金も相続財産に入ります。親のへそくりとはいえ、こっそり懐に入れてしまうと相続税申告の際に税務署から突っ込まれますので注意しましょう。

99パーセントのモノは捨ててよい

実家の片づけを業者に依頼するにせよ、「家にあるモノのうち、どれを残して、どれを捨てるのか」は自分たちで判断する必要があります。

しかし、「どれを残して、どれを捨てるのか」という考え方では、いつまで経っても片づけが進みません。

あまりにもモノがたくさんありすぎて、一つひとつについて「これは残すか捨てるか？」を判断していては、時間がいくらあっても足りないのです。精神的にも肉体的にもすさまじく疲労します。それで心が折れ、実家じまいに挫折してしまう人もいます。

実家の片づけをする際の考え方はこうです。

「どうしても必要な1パーセントの必需品や貴重品を選んで、残りの99パーセントは捨てる！」

このように割り切ることが大切です。
どうしても必要な1パーセントの必需品や貴重品とは、主に次のようなものです。

- **通帳やキャッシュカード**
- **有価証券**
- **生命保険や医療保険の証書**
- **不動産権利書**
- **税金や公共料金などの領収書**
- **印鑑（実印や銀行印）**
- **現金**

これらの書類などは、相続財産を算定する際にも必要になるので、探し出して保管しておきましょう。

その他、美術品や骨董品、貴金属、着物など、換金性が高そうなものがあれば、念のため保管しておきます。ほとんどの場合、二束三文にしかならないので、捨ててしまってもいいかと個人的には思いますが……。

「どうしても必要な1パーセントの必需品や貴重品」をピックアップしたならば、残りの99パーセントは「すべて処分してください」と業者に依頼する。それが一番早く、精神的・肉体的にも労力がかからないベストな方法です。

親が亡くなっていて遺品整理をするなら、迷わずこの考え方で進めてください。親が存命でも、施設に入ったりしてもう実家に住んでいないなら、ここで述べた考え方で進めたほうがいいでしょう。

その際に、「捨ててもいいかどうか？」をいちいち親に確認せず自分の判断で行うためにも、所有権を移転しておくことが大切なのです。

家の片づけで困るのはこんなモノ

遺品整理や不動産買取などを行っている株式会社クオーレ（本社：愛知県大府市）が、2022年6月に「実家の片づけ」に関するインターネットでのアンケート調査を実施しました。

そのアンケート調査のなかで、「実家の片づけで処分に困るものランキング」が発表されていましたので、参考までに記します。

（調査対象：20～60代の男女、有効回答人数：300名、複数回答可）

やはり1位は、「写真・思い出の品」でした。写

実家の片づけで処分に困るものランキング

1位	写真・思い出の品	134票
2位	趣味・収集品	107票
3位	家具・家電	105票
4位	仏壇	66票
5位	衣類	65票
6位	食器	56票
7位	着物（和服）	46票
8位	宝石・貴金属	21票
9位	その他（遺骨・先祖代々のものなど）	11票

（株）クオーレ調べ

真や思い出の品が出てくるたびに、処分するかどうか悩んで作業の手が止まってしまうのでしょう。

2位の「趣味・収集品」も、親の思い入れがあることを知っているがゆえに、なかなか処分に踏み切れないということがあるようです。

実家の片づけを自分でやろうとしてもなかなか進まないのは、これらの品物を処分するための精神的負担が大きいからだと思います。だからこそ、適切な形で第三者（業者）の手を入れるほうが、片づけは圧倒的に早く進みます。

家具・家電の処分は急がなくてもいい

「実家の片づけで処分に困るものランキング」の3位に「家具・家電」がランクインしているのは、大型のものは運ぶのが難しかったり、処分にお金がかかったりする点がやっかいなのでしょう。

家具については、リサイクルをやっている自治体であれば、状態のよいものは無料で引き取ってくれる場合もあります。そのような制度がないか確認してみましょう。

売却や賃貸をするにせよ、家具は残しておいたほうが喜ばれるケースもあります。古い戸建てに賃貸で入居を希望する人は、経済的にそれほど余裕がなく、新たに家具を買いそろえるのが難しいこともあるのです。

使えそうな家具であれば、処分を急がなくてもいいでしょう。

また、木製の家具はみなさんが思っているよりもずっと簡単に壊すことができます。

僕は残置物がたくさんある家を買ったとき、家具を自分で処分したりします。その際、粗大ごみとして処分するとお金がかかってしまいます。

木製の家具は家の外に出してから、バール（金梃）で数回、叩くだけで簡単に壊せるのです。木切れの状態にすれば、処分場に運ぶのに大きなトラックも必要なく、普通の乗用車で十分です。自治体にもよりますが、処分費用も1キロあたり数円と

いったレベルまで安くできます。（僕が物件を所有している新潟県上越市の処分費用は1キロ3円です）
片づけの費用を少しでも安くしたい場合は、家具を自分で壊してから処分することも選択肢になるでしょう。

家電の処分は、家電リサイクル法に則って行う必要があります。

エアコン、テレビ、冷蔵庫や冷凍庫、洗濯機や衣類乾燥機の4品目は、家電リサイクル法に基づいて処分しなければいけません。家電量販店でリサイクル券を購入して、回収を依頼してください。

これらの家電も、まだ使えるのであれば慌てて処分する必要はありません。売却や賃貸の際、次の所有者や入居者が使用する可能性もあります。必要ないと言われたら、その段階で処分すればいいのです。

家具や家電の処分はいつでもできますので、売却や賃貸をするまで残しておいてもよいでしょう。

仏壇はどうやって処分する？

仏壇を処分する際には、「魂抜き」と呼ばれる儀式を行います。「魂抜き」とは、仏壇を特別なものではなく普通の箱に戻す作業のことです。そうすることで、引っ越しなどの移動、あるいは処分ができるようになるのです。「魂抜き」の儀式は、先祖代々のお墓があるお寺（菩提寺）にお願いします。儀式をお願いするお坊さんには、1～5万円程度のお布施をお渡しするのが一般的です。ただし、「魂抜き」は宗教的な儀式ですので、そのやり方は宗派や地方によって異なります。仏壇の所有者である親に、事前に確認しておきましょう。

仏壇は、子にとってはあまり意味がないように思えても、親にとっては先祖代々受け継いできた大切な存在であることがあります。親の意思を尊重し、処分するとしてもていねいに進めるようにしましょう。

掃除が大変なのは「サッシ」

不用品やゴミがある程度片づいたら、家の中の清掃を行います。自己居住するにせよ、売却や賃貸をするにせよ、室内がきれいになっているに越したことはありません。

水回りなどで自分の手に負えない汚れがあるなら、プロの清掃業者に頼むのもいいでしょう。不用品回収業者にハウスクリーニングもセットで依頼するパターンが一般的です。

仮に業者に依頼するにせよ、普段からきれいに保つことを心がけておけば、余計な手間や出費を省くことにもなります。

日常的に掃除することは大切なのです。高齢になった親は自分で掃除ができなくなっていきます。自分で掃除ができずに少しずつゴミが溜まっていき、それがゴミ屋敷につながるケースも見聞きしますので、実家じまいを始める前からでも機会を見つけて掃除してあげるようにしましょう。

家の中の掃除でいちばん大変なのは、キッチン周りの油汚れだと思われがちです。しかし一番大変なのは、窓枠の「サッシ」です。

サッシは普段あまり掃除をしない家が多く、汚れやホコリがかなりたまっていま す。なおかつ戸建ては窓が多いので、掃除しなければならないサッシの数も膨大になるのです。

一つの窓について、上下左右4か所のサッシがあります。普段から掃除をしていないと、雑巾が真っ黒になるほど汚れがついています。全部ふき取るだけでかなりの重労働になります。

本書を読まれた方は、ぜひ普段からサッシの汚れをこまめにふき取っておくようにしておくと、実家じまいの際は楽になるでしょう。

実家の片づけでよくあるトラブル

その他、実家の片づけで不用品を処分したりする際に、気をつけなければいけないよくあるトラブルを挙げておきましょう。

・不用品をリサイクルしようとしたが、買取価格が低かった
・捨てられないモノを保管する場所がない
・残置物に別の相続人が所有する家財があった

※こうした事態を防ぐためにも、第2章で述べたように、最初の段階で親族が集まって実家をどうするかの方針をよく話し合って合意をとっておきましょう。そのうえで、リーダーを決めて、「基本的にはリーダーの指示に従う」という意思統一をしてから片づけを進めることが大切なのです。

・あるはずの重要書類が見つからない

※できれば、こうした事態にならないように、親が元気なうちに必要な書類の場所は聞いておくことです。そして誤って捨ててしまわないように、最初にピックアップして別の場所に保管してから片づけをスタートしましょう。

親が亡くなってしまい、銀行口座や不動産、有価証券をどこにどれだけ持っていたかわからない場合、行政書士や司法書士といった専門家に調査を依頼することもできます。しかし、調査のための費用がかかってしまいます。

実家の片づけに関するトラブルは、親が元気なうちに確認しておくこと、最初の段階で親族が集まってよく話し合うことで防げるケースも多いので、早めに準備して予防していきましょう。

第4章

実家を1円でも高く売るために

不動産売却の主な流れ

第4章では、実家じまいの最終的な目標である、「実家を手放すこと」について説明してきましょう。

実家を手放すとは、すなわち「売却する」ということです。たとえどんな安い金額であっても、売却してしまえば実家じまいは終了です。その後の維持費も、税金も、気にする必要はなくなります。

自己居住や賃貸をする時期があったとしても、最終的には売却することが実家じまいのゴールとなるでしょう。

第4章では、実家を少しでも高い値段で売却するためのポイントを説明していきます。

とはいえ、ほとんどの人にとって「実家という『不動産』を売却する」ことは初めての経験だと思います。

まずは簡単に、不動産売却のおおまかな流れをご説明しておきましょう。

【不動産売却の主な流れ】

①不動産会社への売却相談

不動産会社に連絡し、売却の相談をします。その際、売却価格を決めるために、不動産会社から実家の価格査定も受けます。並行して、売却に必要な書類（物件概要書、登記事項証明書、間取り図や敷地測量図など）の準備も始めておきましょう。

②媒介契約

不動産会社を選んだら、その会社と「媒介契約」を結びます。媒介契約とは、売買成立時に不動産会社が受け取る報酬額や、売却活動の方針などを決める契約です。

媒介契約には、制約が緩い順に一般媒介契約、専任媒介契約、専属専任媒介契約の3種類があります。一般媒介では複数の不動産会社と媒介契約を結ぶことができますが、専任媒介や専属専任媒介ではその一社としか契約を結べません。

また、一般媒介や専任媒介では、売主が自分で買主を見つけてくる「自己発見取引」が可能ですが、専属専任媒介ではそれは不可となります。

③販売活動の開始

媒介契約を結ぶと、不動産会社が仲介となって販売活動を開始します。問い合わせがあれば買主への説明をしたり、金額の交渉をしたりもします。基本的には不動産会社主導で販売活動が進みますが、専任媒介契約や専属専任媒介契約の場合は、不動産会社は定期的に売主へ売却活動を報告する義務がありますので、その報告によって現状を知ることができます。

④売買契約の締結

買主が決定し、売買金額でも合意したら、いよいよ不動産売買契約を結びます。売買契約は、売主、売主側仲介業者、買主、買主側仲介業者の4者が集まって行われるのが一般的ですが、それぞれの仲介業者だけで行って売主と買主は直接顔を合わせないケースもあります。売主側は、登記済権利証、印鑑証明書、身分証明書、実印、収入印紙などが必要になります。

⑤契約後の決済・引渡し

売買契約で定めた日時に、決済と引渡しが行われます。買主への引き渡しの前に、隣地との境界や引渡し面積を確定するために、土地の確定測量を行います。決済と引渡しが終われば、不動産売却は一区切りです。

⑥確定申告

売主は、不動産売却で得た利益について納税するために、翌年の2月中旬〜3月中旬の間に確定申告を行います。なお確定申告では、契約時に交わした不動産売買契約書が必要になりますので、保管しておくようにしましょう。確定申告を終えれば、不動産売却の手続きは一切終了です。

このような一連の流れで不動産売却が行われることを、まずは知っておきましょう。

不動産会社をどうやって選ぶ？

「実家を売却する相談をしようにも、不動産会社をどうやって選べばいいかわからない」

このような悩みもよくお聞きします。

まずは一般的な視点で、不動産会社を選ぶ際のチェックポイントを紹介しましょう。

①行政処分情報や業者番号をチェック

「国土交通省ネガティブ情報等検索システム〈宅地建物取引業者〉」というサイトがあります。

このサイトで、不動産会社名や期間を入力して検索すると、過去に受けた行政処分の種類や内容を確認できます。行政処分を受けているからといって必ずしも悪質業者とはいえませんが、大事な情報ではありますので、事前にチェックするといいでしょう。

もう一つ、ホームページなどで不動産会社の宅地建物取引業の免許番号を調べることも大事です。

免許番号は次のように記されます。

「東京都知事（1）第○○○○○号」

ここで見るべきは、（1）の番号です。この数字は、5年ごとに更新される宅地建物取引業免許の更新回数を表しています。

ホームページに社の沿革が載っている場合もありますので、免許番号と一緒にチェックして、実績のある会社かどうかを確認しましょう。

②査定時の対応をチェック

売却の相談に行くと、まず不動産会社から実家の査定を受けることになります。

メールや電話のやりとりのスピードやていねいさ、また査定額の根拠をきちんと示す信頼感があるかどうかなど、「自分が買主だったらこの会社から不動産を買いたいかどうか？」という視点でチェックしてみましょう。

③直近の販売実績をチェック

実家のあるエリアでの直近の販売実績があるのかどうかを、可能な限りチェックしてみてください。ホームページに出ている場合もありますし、担当者にそれとなく聞いてみるのもいいでしょう。

そのエリアでの販売実績が豊富であれば、購入希望者となり得る見込み客も多数抱えているはずです。売り出しをしてから、内覧希望者をすぐに見つけてこれる可能性がありますので、売買契約に至る確率も高くなるでしょう。まずはこのあたりのポイントを参考に、不動産会社を探してみてください。

実家のあるエリアの不動産会社に相談

僕がやっている山投資で、実家じまいの不動産会社選びにも応用ができる手法があります。

「物件があるエリアの不動産会社に依頼する」

実はこれが、地方の物件を少しでも高く売却するポイントなのです。

売却はもちろんですが、賃貸管理やリフォーム、不用品回収なども、そのエリアにある会社に依頼するのが成功の秘訣なのです。

僕が山投資で収益を上げるパターンは次のようなものです。

①都会（東京など）に住んでいる人が地方の山や家を相続する
②相続人は現地に行けないので、東京の不動産会社に売却を依頼
③東京の不動産会社が地方物件を持て余しているところを安く（1円などで）購入

④その物件があるエリアの不動産会社に足を運び、現地で販売活動をすると、数十万円から数百万円で売却ができる

このように、物件があるエリアまで足を運び、現地の不動産会社で売却するだけで、数十万円の利益が出るのです。

言い換えれば、物件があるエリアの不動産会社まで足を運ぶ人はほとんどいません。

僕は、物件自体は「1円」など極めて安い値段で購入することを狙っています。

しかし同時に、物件があるエリアに足を運ぶ交通費は必要経費ですので惜しまず使います。極端な話、「1円の物件を買うために100万円の交通費をかけて現地へ足を運ぶ」という感覚です。

実家を売却する際も同様です。

交通費や時間はかかるかもしれませんが、必ず実家のあるエリアの不動産会社に売却依頼するようにしましょう。

その交通費や労力をケチって、東京にいながら売却しようとすると、僕のような

目ざとい不動産投資家にタダ同然で買い叩かれてしまうかもしれません。

現地の不動産会社だからこそ、その土地のニーズや特色をふまえた販売活動ができる可能性が高いのです。

少しでも実家を高く売りたいのなら、少々面倒でも実家のあるエリアの不動産会社に相談し、売却依頼するのが大事なのです。

実家の近隣の不動産会社にあたっても断られて、なおかつ後述の相続土地国庫帰属制度でも対象外となった場合でも、引き受けてくれる会社はあります。

僕の会社やグループ会社等では、他で断られた物件でも引き取りをしています。実際に、物件引き取りの依頼は次から次へと来ている状況です。

「僕のところで物件の引き取りをすることで、空き家問題の解決が少しでも早まれば」。そんな考えから、かなり難しい物件でも引き取りを行っています。もし実家の近隣の不動産会社にも断られて八方ふさがりになったときは、ぜひご相談ください！

（巻末に連絡先を載せています）

「相続土地国庫帰属制度」は活用できるのか？

2023年4月より、新たに「相続土地国庫帰属制度」がスタートしました。

これは、土地を相続したものの活用できそうになく手放したい場合に、その土地を国に引き渡すことができる制度です。

似たような制度に「相続放棄」がありますが、相続放棄は土地だけでなく一切の相続財産の受け取りを放棄することになります。相続土地国庫帰属制度は、あくまでも相続した土地に限って国庫帰属をするので、その他の相続財産は受け取ることができるという違いがあります。

「相続土地国庫帰属制度を使えば、実家を相続しても国に引き渡せるのか？　だったら実家じまいもすぐに終わるな！」

このように期待する人も多いかもしれませんが、話はそう甘くはありません。

そもそも相続土地国庫帰属制度がスタートしたのは、全国で増え続ける空き家などの「所有者不明土地」の問題を解決したいとの意図からでした。土地を相続したけれど放置され、相続登記もされないままで所有者不明になっている土地が増えているのです。

そのため政府は、相続登記の申告の義務化などと合わせて、相続した土地が不要な場合は国庫に帰属させることができる制度を創設したのでした。

相続土地国庫帰属制度は、次のような手順で行われます。

①承認申請（相続や寄贈によって土地を取得した者が行う）
②法務大臣（法務局）による要件診査・承認（後述）
③申請者が10年分の土地管理相当額の負担金を納付
④国庫帰属

ここで問題になるのは、②の「法務大臣（法務局）による要件診査・承認」です。

国が引き取ることのできない土地が法律で定められており、その要件に当てはまってしまうと、国庫帰属はできないのです。

【引き取ることができない土地の要件の概要】（法務省ホームページより）

（1）申請をすることができないケース（却下事由）

A：建物がある土地

B：担保権や使用収益権が設定されている土地

C：他人の利用が予定されている土地

D：土壌汚染されている土地

E：境界が明らかでない土地・所有権の存否や範囲について争いがある土地

（2）承認を受けることができないケース（不承認事由）

A：一定の勾配・高さの崖があって、管理に過分な費用・労力がかかる土地

B：土地の管理・処分を阻害する有体物が地上にある土地

C：土地の管理・処分のために、除去しなければいけない有体物が地下にある土地

D：隣接する土地の所有者等との争訟によらなければ管理・処分ができない土地

E：その他、通常の管理・処分に当たって過分な費用・労力がかかる土地

これらに当てはまる土地は、国庫帰属することができません。

僕はこの制度を調べてみて、

「この条件で国庫帰属できるほどの優良な土地だったら、民間で十分に活用できる！」

と思いました。

逆にいえば、相続して困っているような使い道がない土地は、先に挙げた要件のどれかに当てはまってしまうので、国庫帰属の対象にならないのです。

なんだかバカみたいな話ですね……。

残念ながら、相続土地国庫帰属制度は実家じまいで悩んでいる人たちの力にはなり得ませんし、空き家問題の解決にもつながらないでしょう。

古い実家を解体して売るか、そのまま売るか？

ビジネスでも人生でも、「選択肢が多い」ほうが有利なのは言うまでもありません。

実家の売却についても同様です。

「古くなった実家は使い道がないから、解体して土地だけにしたほうが売れるのでは？」

というふうに考えてしまう人も多いようですが、それは安易な発想なのです。

家を解体してしまえば、「土地が必要な人」にしか売れません。

家を残したまま売りに出せば、「古い家でも使いたい（住みたい）人」と、「土地が必要な人」の両方に売却するチャンスがあります。

もし「土地が必要な人」が買主に決まれば、その後で実家を解体すればいいだけなのです。解体費用も、買主が負担してくれる可能性だってあります。

これまでも述べてきましたが、実家を焦って解体する必要はありません。まずは

実家を残したまま売却することを考えましょう。

家を残したまま売却する場合、「古家付き土地」として売るか、「中古住宅」として売るかの2通りがあります。

家が古くて耐用年数を過ぎており、経済的価値がない場合は「古家付き土地」として売りに出します。家にまだ経済的価値がある場合は、居住を前提とした「中古住宅」として売りに出します。

どちらで売りに出しても、購入後に家を解体するかどうかは買主の自由ですので、買主のターゲットをどこに設定するかの違いだけです。

家を残したまま売却するメリットとデメリットを挙げておきましょう。

【メリット】

①売却後の活用方法の選択肢が増える

②固定資産税を抑えたまま売却ができる（更地だと固定資産税が上がる）

③解体費用を負担しなくてよい（一般的な戸建ての解体費用は200万円程度）
④買主が住宅ローンを活用できる可能性がある

【デメリット】

①売却期間が長くなる可能性がある
➡解体費用を出せる資金的余裕のある買主が見つかるのに時間がかかる場合がある。
②売却価格が安くなる可能性がある
➡「解体費用の分だけ安くしてほしい」という買主側の要望が出てくる。


しかし、これらのデメリットはあまり気にしなくてもいいかと思います。

解体費用の分だけ売却価格が安くなったとしても、もし自分で解体していればその分の費用を自己負担するわけですから、トータルの収支は変わりません。

更地にすれば300万円で売れる土地ですが、家の解体費用が200万円かかるという場合、「古家付き土地を100万円で買ってくれる人」をまず探すべきです。

先に200万円の解体費用を支払ったうえで、もし土地が売れなかったら、

200万円の損失をそのまま負うリスクがあるからです。

僕の実感としては、郊外の戸建てでいえば建物を残したままのほうがいいという買主がほとんどです。郊外では、家を解体するとほとんど買い手がつかないのです。

家は、木造で耐用年数が過ぎていたとしても、意外と長持ちするものです。家が残ってさえいれば、補修やリフォームをすることで、十分に人が住むことができます。

「こんな古い家は使えない」という思い込みからか、解体して更地にしてから不動産会社に売却相談する人が少なくありません。

しかし、「家を使える」という選択肢を残したまま売却することが非常に大切なので、ぜひ覚えておいてください。

売り出し価格はどうやって決める？

実家を売却しようにも、実際にいくらで売り出せばいいのでしょうか？

まずは不動産会社の査定価格がどの程度かを確認します。

そのうえで、自分でも実家近くの物件情報（可能なら売却価格）をチェックして「実家と同じくらいの間取りや築年数の物件がいくらで売却されているのか？」を知っておきましょう。

同時に、賃貸に出したらいくらの家賃が見込めるかも調べておきます。

実際に売り出し価格を決める際には、次のような基準で考えるといいでしょう。

●売却希望価格は収益評価で「表面利回り10％」で売り出しスタート。

●売却可能価格は収益評価で「実質利回り20％」を下限にして下げていく。

表面利回りは、年間家賃収入を物件購入価格（税込）で割って算出します。

●表面利回り（％）＝年間家賃収入÷物件購入価格×100

それに対して実質利回りは、不動産仲介手数料や固定資産税、修繕費など、さまざまなコストも考慮して算出します。

●実質利回り（%）＝（年間家賃収入－年間コスト）÷（物件購入価格＋購入時コスト）×100

実家周辺の家賃相場が3万円の場合のシミュレーションをしてみましょう。

売却希望価格は表面利回り10%からスタートします。右の数式に当てはめると、物件購入価格は360万円になります。この数字を売り出し価格とするのです。

購入希望者からの問い合わせがなければ、徐々に安くしていきます。

最終的な売却可能価格は実質利回り20%です。仮に諸経費を30万円として計算すると、実質利回り20%が可能になる物件購入価格は150万円となります。

不動産投資家の視点でいえば、実質利回り20%の物件は間違いなく「買い」の判断になりますので、ここまで価格を下げれば売却できる可能性はかなり高まるでしょう。

「負動産」の売却は欲をかきすぎない

先の項目で触れた売り出し価格の算出方法は、あくまでも「人が住める状態の家」を想定しています。

実家が使い道のない「負動産」であったり、それに近い状態であるなら、こうした売り出し価格でも買い手がつかないことを覚悟しなければいけません。

第1章で、実家がマイナスの価値しかもたらさない「負動産」であるかどうかを判断するポイントとして、次の3点を挙げました。

①売れない
②貸せない
③自分が住めない（今後も住む予定がない）

さらに、負動産になるかどうかを見分ける細かいポイントとして、次の4点も挙げています。

①再建築不可物件
②郊外で駐車場がない
③トイレが汲み取り
④雨のたびに雨漏りがする

また駅から遠かったり、交通機関の廃線が予定されているような地域、さらに日当たりが悪かったり、周辺に迷惑施設（ごみ処理場や葬儀場など）があると、買主からは避けられがちです。こうした条件があると、競合物件があったときに買主が別の物件を選んでしまうのです。

実家がこれらの条件に当てはまるような「負動産」であるならば、売却に際しても欲を出してはいけません。

僕は全国各地の空き家を見て回っていますが、実感としてその9割は「人が住めない」状態で放置されています。

その持ち主の多くは、遺産相続で故郷にある実家を譲り受けた人たちでしょう。売却しようにも、欲を出して高く売ろうとするからいつまで経っても買い手がつかず、家がだんだんと古くなってしまい、気がつけば人が住めない状態にまでなってしまうのです。

もちろん、その間も固定資産税や維持費は払い続けているのです。

決断の早い人は、たとえ田舎の実家を相続しても、金額にこだわらず早く売却する、あるいは賃貸にして活用するなど、何かの手を打って空き家になることを免れています。

欲を出して高く売ろうとするから空き家になり、維持費だけを払い続ける状態になってしまうのです。

どんな状態の家でも、売り出し価格を下げていけば、どこかで必ず売れます。

実家が「負動産」であると判断したなら、金額にこだわらず早く売却する決断をしたほうが、結局は得をすることを忘れないでください。

隣人は有力な買主候補

実家じまいをするにあたり、何をさておいても大切なのは、

「隣人を味方につける」

ということです。

実家がゴミ屋敷になったり野良猫が住み着いたりした際に、最も迷惑をかけるのは隣の人です。実家じまいの段階でも、不用品の片づけやリフォームをしようとすると、作業の音などでクレームを入れてくるのも隣の人です。

さらに、相続の際には境界線の確定にからんで隣人ともめたりすることもあります。

そのため実家じまいにおいては、「隣人と仲良くして味方につける」ということが非常に大事なのです。実家じまいを始める最初の段階で、隣の住民にはきちんと挨拶して、友好的な関係を築くよう努力しておきましょう。

多くの人は見逃しているのですが、売却の際にも隣人はかなり有力な買主候補です。もっといえば、隣人に売るのが一番高く売れる可能性があるのです。

僕は全国各地で実家じまいのサポートをやっていますが、隣人に売ることができれば話は早いですし、トラブルもなくスムーズに進みます。こちらから話をしなくても、隣人のほうから「もしよければ売ってもらえないか？」と提案されることもあります。

隣人は実家の隣にすでに住んでいるわけですから、あなたが片づけたあとの実家を倉庫に使うなり、あるいは居住用に使うなりと、いろいろ使い道があるでしょう。どこの誰とは知らない人がやってきて住まれるよりも、自分で買ってしまったほうが安心なのかもしれません。

何よりも、すでに所有している分と合わせて、自分の土地が広くなるわけですから、活用方法も広がるはずです。

いずれにしても、実家じまいにおいては隣人と仲良くして味方につけること、そして売却に際しては隣人に売ることも有力な選択肢となることを、覚えておきましょう。

土地の境界線を確定させる

実家じまいをする際には、早めに土地の境界線を確定しておきましょう。そうすることで、隣人とのトラブルを予防できるからです。

「どこからどこまでが自分の土地」ということを定めるのが土地の境界線です。一般の人は、土地の境界線はきちんと定められていると思っていらっしゃるでしょう。ところが現実は違います。

公図や登記上では、しっかりと境界線が定められていても、実際に現地で見てみると、どこが境界線なのかわからないことがしばしばあるのです。

家を建ててから長い年月が経ってしまい、測量も行われていなければ、隣人の土地との境界線が曖昧になっている場合もあります。目印にしていた置き石が崩れていたり、あるいはその目印を少しずつ動かされていたりすることだってあるのです。

お互いが少しでも自分の土地を広くしようとすると、境界線を巡って争いになり、裁判沙汰になるケースも珍しくありません。

隣人と接しているうちに、土地の境界の話題が出ることもあるかもしれません。「これは後で境界をめぐってトラブルになりそうだな」と思うようなことがあれば、隣地との境界線をはっきりさせるための「確定測量」を行っておくとよいでしょう。

土地の面積は売却時の値段にも直結しますし、相続税の申告時に確定測量図の提出が必要になる場合もあります。

確定測量は、測量士と土地の所有者だけでなく、隣接する土地の所有者も立ち会って行われます。公道や河川など、国や行政が所有する土地と隣接している場合は行政も立ち会います（官民査定）。

確定測量の費用は、一般的には35万円から45万円程度です。

しかし官民査定の場合は、60万円から80万円程度と高額になってしまいますので、注意が必要です。

隣人と境界問題でもめてもいいことは何もありません。

越境はよくあることなので、まずこちらが譲歩して、その条件をもって認めてもらうというスタンスでいきましょう。

そして、早いうちに境界についての合意書を交わしておくようにしましょう。

リフォームは大事、でもやりすぎない

僕自身は法学部出身で、山投資や家投資を始めてから、建築の勉強を始めました。

そして現在は建設会社を経営し、購入した古い戸建て物件の修理やリフォームは自社で対応できるようになりました。

そんな経験から、リフォームに関しては次のことが言えます。

- **家は修理やリフォームをすれば、長く住み続けることができる**
- **必要なところだけ自分で手を入れれば、業者に依頼するよりかなり安くすむ**

・リフォームをやりすぎないことも大切

実家じまいの際にも、これらを意識して修理やリフォームをすれば、買主の印象がよくなります。

ただし、「実家の価値を上げて高く売却しよう」という目的でリフォームに取り組むことはやめたほうがいいでしょう。リフォームは凝り始めるとキリがありませんし、どんどんお金もかかってしまいます。

「リフォームに200万円かけたけど、売却金額は50万円しか上がらなかった」

こんな話はよくあります。

あくまでも、現在なかなか買い手がつかない物件に買い手がつくようにするという程度の意識にとどめておきましょう。「0円でも買い手がつかなかった物件に、20万円かけてリフォームしたら、30万円で売れた」といった感じです。

人が住める状況であればオーケーで、それ以上のリフォームはほぼ不要です。

「リフォームをやりすぎないことも大切」と書いたのは、こうした理由からなのです。

また、リフォーム以前の話として大事な点を挙げておきます。

「売却するまでインフラを解約せずガスや水道は維持しておく。時々、風を通す」

やっぱり家は生き物ですので、人が生活できる状態を維持しておくことは、内見や査定においても印象が違います。いま使っていないからと水道やガスを解約するのではなく、ときどきは実家に帰って水道を流したり、窓を開けて風を通すようにしておきましょう。

高いお金をかけずに効果のあるリフォーム

リフォームに際しては、

「古く見えるところに、安い値段で手を入れて新しく見えるようにする」

という心構えが大切です。

なんでもかんでも手を出すと、お金がどんどんなくなってしまいます。

高いお金を出して業者に依頼しなくても、ある程度までは自分でできて、なおかつ買主へのアピール効果が高いリフォームについて説明していきましょう。

・外壁と屋根

特におススメなのは、外壁と屋根の塗装です。

難易度も低く自分で作業ができますので、お金もあまりかかりません。なおかつ、見た目の印象がかなり良くなりますので、買主へのアピール効果が高いのです。

ですから、外壁や屋根の塗装は、できるだけ業者に頼むのではなく自分で行うべきでしょう。ただし、屋根の塗装は高所の作業でもありますので、不安であれば地元の個人でやっている大工さんにお願いするのがよいかと思います。

塗装を自分で行う場合、まずケルヒャー（高圧洗浄機）で外壁や屋根をきれいに洗い流して清掃します。ケルヒャーはアマゾンなどで2万円程度で購入できます。

その後、ペンキとローラーを買ってきて自分で塗装するのです。ペンキは、サビの上から塗れる油性の高耐久品質のものでも、1～2万円程度で購入できます。外壁を全部塗り直したとしても、2～3日の作業時間で終えられるでしょう。

外壁と屋根の塗装を業者に頼むと、それだけで数十万から100万円くらいの金額を請求されます。

自分でできる時間があるのであれば、自分で塗ってしまうだけで大変なコストダウンになります。外壁や屋根を清掃して塗装し直すだけで買主の印象が格段に上がりますから、コストパフォーマンスの非常に高い投資といえるでしょう。

僕がやっている不動産投資の塾では、みなさんには屋根や外壁の塗装の実習をやってもらっています。古い戸建てでも塗装し直すだけで、高く売れたりするのです。

・玄関のドア

玄関のドアは、実家じまいを始めた時点で、早めに手を打っておきましょう。

注意すべきはサビです。特に海沿いの家だと、玄関のドアはすぐにサビてしまいます。

どんなにサビていても、まず削れるだけ削って、それから塗装しましょう。

サビを削るケレン工具が2000円、油性塗料が3000円、塗料が周囲につかないようにする養生テープや養生シートを合わせても、1万円以内でできます。

サビは年々進行していきます。玄関のドアはとにかく早めに対策しておくだけで、かなり印象が変わります。

・畳

築年数が古くなっている家は、畳もかなり古びていますので、それだけで買主からは「この家は古いな」という印象をもたれてしまいます。

しかし、部屋の畳を剥がしてフローリングに変えようとすれば、さすがに専門の業者さんに頼まざるを得ません。費用も1部屋25万円程度は見込む必要があるでしょう。それに、1部屋だけ洋室にしても残りの部屋が和室だと違和感があります。全部の部屋をフローリングに変えようとしたら100万円はかかるでしょう。

それだけお金をかけてリフォームしても、売却金額に反映できるとは考えられません。

そこで、和室については畳の「表替え」を行いましょう。畳の表替えとは、中身の芯になっている「畳床」はそのままで、古くなった「畳表」と「畳縁」だけを張り替えることをいいます。表替えだけなら、1部屋数万円で十分にできるはずです。

・フローリング

古いフローリングの床は、クッションフロアの上張りをしましょう。これも1部屋2万円程度で、印象がグッと新しくなります。

・キッチン

キッチンが古い場合は、まず床にクッションフロアの上張りをします。そして古いキッチンは捨ててしまい、新しいキッチンと取り替えましょう。

クッションフロアが約2万円、新しいキッチンも3万〜4万円で買えますので、合計で6万円程度です。水道の蛇口も1万5000円程度で新しくしてもいいですね。水道屋さんに頼めば、1万円程度で取り付けをしてくれるはずです。

・トイレ

トイレは気にする人が多いところです。

汲み取り式トイレの場合は、水洗トイレにリフォームするだけでも買い手はつきやすくなります。
便座をウォシュレットなどの温水洗浄便座付きに変えるのも印象がいいです。ホームセンターに行けば単品を1万円程度で売っています。もう1万円も払えば取り付け工事もやってくれます。工賃込みで2万円でリフォームとしては効果が高いです。

・浴室

浴室のシャワー水栓が、水とお湯を出すハンドルが2つに分かれた古いタイプなら、それを混合水栓に変えましょう。工費込みで、2万円程度で済みます。

・エアコン

エアコンはコストパフォーマンスの良い投資です。エアコンを付け替えるだけでイメージが全然違いますので、新しいものに替えることをお勧めします。

エアコンは、1年型落ちするだけで大きく値段が下がります。さらに夏が過ぎた8〜9月ごろになると、シーズンオフで値段が下がります。

夏の終わりころの季節に、1~2年型落ちのモデルを狙えば、大手ブランドのエアコンでも3万円代で買えます。できればこれを全部の部屋につけておきたいところです。8畳の部屋に6畳用のエアコンがついていても、誰もわかりません。

新しいエアコンがついているだけで、「最近まで人が住んでいて、よく手入れがされている家だな」と好印象を与えられるのです。

・照明

照明のポイントは、廊下と玄関とトイレを、人体感知スイッチに替えることです。人体感知スイッチは、人の動きを感知しますので、人が通るとスイッチがオンになります。安いものでは3000円台から買えますし、交換費用を合わせても1万円以内で済みます。

それだけで、購入を検討する人が家に入った瞬間にパッと照明がついて「自動でつくんだ！　意外と新しい」という印象を与えられます。人体感知スイッチは、かなりコスパのよい投資だといえます。

これまで挙げてきたリフォームは、いずれもかけた金額以上の効果が期待できます。**ご自身の予算や労力、時間と、実家の状況をよく考えて、必要なところにだけ手を付けるようにしましょう。**

手を出さないほうがいいリフォームとは？

反対に、やめておいたほうがいいリフォームもありますのでいくつか挙げておきます。

・壁

壁は基本的に手をつけなくて大丈夫です。

おしゃれな壁紙などを貼りたがる人もいますが、壁紙の色やデザインが気に入らない人にとっては目障りなだけですし、元に戻すのも手間がかかります。オーソドックスなのが一番ですので、多少汚れていても今のままで十分です。

壁が汚れているまま賃貸や売却に出すことには、メリットがあります。

特に賃貸をやっているとわかるのですが、壁が少し汚れていてもＯＫな借主は、「こういう家でも、家賃が安ければ住みたい」という意思があるので、その後も少々のことではクレームを入れてきません。

逆に、壁がきれいなところを選んで住む人は、少しボロが出るとすぐクレームを入れてくるのです。そのため、あまりきれいにしすぎるのも考えものなのです。

壁紙については、売却であれば不動産会社に相談してみるのもいいでしょう。「壁紙を張り替えると20万円かかるのですが、それで20万円高く売れますか？」率直にこう尋ねるのです。

不動産会社は、「いくらで売れるか？」とストレートに聞くと、答えてくれなかったり自分たちに有利な答えを言います。それは自社の利益に直結するからです。

ただし、売却金額が20万円高くなったとしても、仲介手数料は２万円程度の差です。そのくらいの金額の話であれば聞いてみてもいいでしょう。

ただし、壁紙業者やリフォーム会社が不動産会社の紹介だったり、あるいは直接的な関係のある会社なら、正直な意見が聞けないかもしれませんのでご注意ください。

・天井

天井は絶対に貼り替えしないほうがいいです。素人の手に負える作業ではありませんので、どうしてもやりたいのならプロに頼むしかありません。

素人が天井の貼り替えをやろうとすると、天井を落としてしまうのです。落としてみてはじめて、天井の桟が歪んでいることがわかったりしますが、そうなってはもう一度天井を貼りなおすことはできません。すると、天井は崩れたまま売りに出すしかありませんので、売却もやりにくくなるのです。

古い家の天井はけっこうギリギリの状態で保たれている場合が多いので、天井は触らないのが鉄則です。

・窓

窓を替えようとする人も多いのですが、基本的にはやめたほうがいいでしょう。

窓を替えるとサッシまで替えなければならなくなりますが、家中の窓をいじるとすぐに100万円くらいかかってしまいます。でも、売却金額が100万円以上高くなることはありません。

窓はインフラではありませんので、壊れて吹きさらしになっているとかならともかく、きちんと閉まればよしとしましょう。

以上のところは、基本的には手を出さないほうが無難です。

リフォームで失敗する人の多くは「良かれと思って」やっているのですが、それが逆効果になってしまうのです。やりすぎるとあっという間にお金がなくなってしまいますので、「リフォームはやりすぎないことが大切」と胸に刻んでおきましょう。

庭をどうするか？

古い実家では、比較的広い庭があったりする場合もあります。

庭をどうするかについて、ここでは特に質問を受けることも多い、「木」「石」「池」「ブロック塀」についての対処を説明しておきましょう。

・木

理想をいえば、木はできるだけ切り倒しておきましょう。

木はいくつものリスクがあります。

木の枝が隣地にはみ出してトラブルになることはよくあります。台風のときに木が倒れて、家や車が壊れたり、通行人にケガを負わせる可能性もあります。

そうでなくても、木がうっそうと生い茂っていると眺望も悪くなります。

さらに、木には虫がわきますし、クモやハチの巣ができる恐れもあります。

早めに切っておいた方が安心です。

木は、チェーンソーで1時間以内に切り倒せる程度のものなら、1～2万円くらいでやってくれる業者さんがいます。それを廃棄物処理に出してくれるのでもう1万円、合計3万円程度で処理できるでしょう。

・石

石は、法的にはゴミではなく自然物なので、産廃業者も処分することができません。そのため石はそのまま置いておくしかありません。石は残しておいてもリスクは特にありませんので、とりあえずそのままにしておきましょう。

・池

池はなかなか厄介です。まず水を抜かないといけません。次に、雨がふったりしても水がたまらないように、地中に水が抜けていく穴をあけておく必要もあります。

・ブロック塀

池と並んで、古い家に多いのはブロック塀です。

ブロック塀も存在する意味がないものです。ブロック塀に囲まれた家や庭は閉塞感しかありませんし、地震で倒壊するリスクもあります。通学路に面していたりすると、ブロック塀があるだけで迷惑がられます。

また、ブロック塀があることによって駐車場のスペースを潰している場合もあります。

ブロック塀は、みなさんが思うよりも簡単に壊すことができますので、余力がある人は自分でやってみてもいいでしょう。

大きめの両口ハンマーでブロック塀を叩けば、どんどん壊れていきます。最後、いちばん下の部分に鉄筋が出てくるので、鉄筋を切るグラインダー（研削盤）が必要です。これらの道具代と、廃棄代を合わせても5万円で済みます。

しかし業者にブロック塀の撤去を依頼すると、50万円程度はするでしょう。

両口ハンマーを使って自分でブロック塀を壊す際に、最も注意しなければならないのは、「ギックリ腰」です。

野球やゴルフのスイングのように、自分の力を使って腰を入れて叩いたら、すぐに腰を壊してしまいます。

自分では力を入れず、ハンマーの重さだけで振り子のように振ってブロック塀にぶつけることです。

ギックリ腰にさえならなければ、ブロック塀を壊すだけでイメージはガラリとよくなりますし、駐車場のスペースもできるなど、買主に好印象を与えられるコスパのよい投資になるでしょう。

物件引き渡し後の責任

リフォームをしたり販売活動をしたりして、ようやく実家が売却できた。実家じまいはこれで終わり……というわけにはいきません。

不動産には、売却した後も売主が責任を取らなければならない、引き渡し後のトラブルがあります。

不動産の売買においては、「契約不適合責任」というものがあります。

売主は売却後の一定期間、その不動産の種類、品質、数量などの不備に対して、責任があるのです。

契約不適合責任になるのは、次に挙げるようなケースが多いのです。

・付帯設備の故障（給湯器のお湯が出ない、エアコンの故障、水漏れなど）
・雨漏り
・土地に埋設物があったり、土壌汚染が見つかる
・土地の面積が違う

売却後の一定期間にこのような不備があると、買主は売主に対して契約解除や損害賠償請求が行えるのです。

このような引き渡し後のトラブルを避けるためには、不動産会社に対して自分が知っている情報はすべて伝えることが必須です。

不動産の売買契約では、「物件情報等報告書」「設備表」といった書類が付属するケースが多いです。不動産会社に事前に伝えていた情報はこれらの書類に記載されます。買主もそれを承知して契約したのですから、売主が責任を問われることはありません。

当たり前のことなのですが、不動産会社には知っている情報を包み隠さず伝えておくようにしましょう。

また、「土地の面積が違う」というトラブルを避けるためにも、土地の測量をきちんと行い、隣地との境界線も確定させておくことが大切なのです。

今日が、実家を一番高く売れる日

この章の最後に、ひとつの格言を書いておきましょう。

「今日が、実家を一番高く売れる日」

よく使われる言葉に「今日が、残りの人生で一番若い日」というものがありますが、それを僕なりにちょっとアレンジしてみました。

不動産も人間と同じで、1日1日、時間を重ねるほど老いていきます。そして不動産の場合は、築年数が経てば経つほど、売買価格は安くなってしまうのです。

つまり、売却するなら少しでも早いほうが有利なのです。

明日になれば今日よりは価格が下がりますし、明後日になればもっと下がるのです。だからこそ、一番高く売れる可能性がある今日、売却するのです。

もちろん実際には、築40年や50年といった古い実家が、1日や2日で売却価格にそこまでの差が出ることはないでしょう。

しかし、仕事や家庭などで多忙な現役世代は、実家じまいに取り組もうとしても本腰を入れられないうちに数か月が過ぎてしまうなんてことはよくあるのです。

ましてや人口減少で空き家が増加しているいまの日本で、不動産を持っていればそのうち価格が上昇するなんてことは、都心の一部を除いてはあり得ません。

地方の古い戸建て物件の多くは、タダどころか売主がお金を払って引き取ってもらう、まさに負動産になりつつあるのが現実です。

思い立ったが吉日です。

今日が実家を一番高く売れる日だと確信して、一日も早く実家を手放し、実家じまいを終わらせることを目指していきましょう。

第5章

実家じまいから空き家問題解決へ

この章では、世間からは価値がないとされた負動産である空き家に注目し、新たな価値を生み出す活動をしている2人の方にインタビューしてみました。

実家じまいを考えているみなさんにとっても、これからの方向性を考えるうえでのヒントに満ちた対話になっていると思います。

1人目は、不動産投資家の村上祐章さんです。村上さんは、空き家が増えている現状から「廃墟不動産投資」という手法を編み出して成功されています。(聞き手・筆者)

インタビュー①村上祐章氏（不動産投資家）

◆「廃墟不動産投資」とは何か？

――村上さんとは、数年前に村上さんがやっているラジオ番組のゲストに僕を呼んでいただいたことがご縁で知り合い、お互いの不動産投資についての考え方などで共感するところがたくさんあって意気投合して今に至っています。早速ですが、村上さんが実践されている「廃墟不動産投資」とは、どんな手法なのかを教えてください。

村上：廃墟不動産投資を簡単にいうと、「物件を買わないで『人から借りて人に貸す』」という方法です。物件のオーナーからまず僕が借りて、その家を別の人に貸すのです。

例えば、ある家をオーナーの方から僕が2万円で借り受けて、その家に住みたいという入居者を探してきて4万円の家賃で住んでもらえば、4万円－2万円＝2万円が僕の収入になる、ということですね。

——なるほど。いわゆる「また貸し」ですね。

村上：その通りです。ただ、アパート経営でよく聞く「サブリース」とは違い、僕が入居者からまず家賃を受け取ってから、オーナーへの賃料を払うことになっています。先の例でいうと、「入居者から4万円もらってオーナーへ2万円払う」という順序です。「オーナーに2万円払って入居者から4万円もらう」ではありません。そのため、空室になっている間、僕はオーナーにお金を払う必要がありませんので、懐が痛まずに済むのです。

——すごいですね、賃貸経営の最大のリスクである「空室」を恐れずに済む。現在、そういう形で扱っている物件はいくつくらいあるのですか？

村上：80戸くらいですね。1戸あたり平均2万円の利益が出ているので、毎月約

160万円が入ってくる計算になります。

――村上さんは旅行がお好きで、国内外さまざまなところへ行かれていますが、それだけの家賃収入があるから時間も場所も自由に仕事ができるのですね。

村上：だいたい毎日自由なので、ずっと移動している感じです。

――先に家賃をもらってからオーナーに賃料を支払うというのは、理想的なキャッシュフローの状態ですよね。その条件でも村上さんに物件を活用してほしいと考えるオーナーがたくさんいるわけですか？

村上：そうです。僕が物件をお借りしているオーナーさんのほとんどは、不動産投資家ではなく、空き家を持て余してしまっている普通の人たちです。親が亡くなった後に実家を相続して、使い道がわからず放置していて、「空き家になって近所から文句言われないか」とか心配しているような人たちです。オーナーから家のカギを預かって、掃除をしたりゴミ捨てをしたりと物件を管理し、入居者が見つかったら家賃をいただく。これが僕のビジネスモデルです。

――オーナーや入居者とはどういった形で契約を結ぶのですか？

村上：基本的には最初に物件のカギを借りるときに管理委託契約書をオーナーとの間で交わします。基本的には、空室の間は僕からオーナーに家賃は払いませんし、オーナーも僕に管理費を払わない。お互いがお金を払いません。そして入居者が見つかったら、僕と入居者、僕とオーナーでそれぞれ賃貸借契約書を交わすのです。

――管理委託契約書や賃貸借契約書の内容は、一般的なものと変わりないのでしょうか？

村上：ほぼ変わりません。入居者との賃貸借契約書には、「転貸借」つまりまた貸しはしないことを明記してあります。始めた当初は口約束だけで書類は交わしてなかったのですが、トラブルなどを経験するうちに、いまの形に落ち着きました。

◆空き家をビジネスチャンスに

――村上さんが廃墟不動産投資を思いついたきっかけを教えてください。

村上：15年くらい前のことですが、友人が会社を立ち上げるので、お手伝いをしていたことがありました。不動産とはまったく関係ないビジネスだったのですが、宣伝のために近隣地域でチラシのポスティングを行ったのです。その際に、「空き家でも持ち主がいるはずだからチラシを入れてくれ」と言われていたのですが、実際にポスティングにまわってみると空き家があまりにも多くて驚いたのです。

――それはどのあたりの場所だったのでしょうか？

村上：当時、僕が住んでいた京都市内でした。そして、ポスティングしながら空き家を眺めているうちに、「大学裏の物件は学生寮にいいのではないか」「おしゃれな洋風の空き家はアトリエになるんじゃないか」「一人で起業した人のためにシェアオフィスに使えそうだ」とか、活用法のアイデアが浮かんだのがきっかけでしたね。

――当時はまだ今のように空き家問題がニュースになる前でしたから、やっぱり先見性があったのですね。

村上：興味をもって調べてみたら、これからの日本は人口減少に向かうことがさまざまなデータからも明らかだったので、必然的に空き家も増えるとは思いました。だから、面白そうだしチャンスもあると思ったのです。

――僕も同じ発想から、いまやっている「山投資」「家投資」というビジネスに至りました。ただ僕と村上さんの違いは、僕は物件を購入しますが、村上さんはあくまでもオーナーから借りるというスタンスですよね。

村上：自分が家を買うという発想は、まったくありませんでした。そもそもビジネスにお金をかけるという発想がなくて……。始めた当時、お金があまりなかったからかもしれません。数年してから「自分で家を買ってもいいな」と気がついたくらいです。

――物件にお金をかけないというスタンスはいまも変わりませんよね。

村上：そうですね。だからリフォームもほとんど行いません。管理といっても、少し掃除してゴミを捨てて、窓ガラスが割れていたら直すぐらいですね。1戸あたり10万円から20万円くらいしかかけません。ほとんどお金をかけずに、1戸あたり2～3万円ぐらいの家賃を安定的に得ています。

僕からすると、次々と空き家を購入するだけでなく、ときには何百万円かの引き取り料をもらって山を買ったりする永野さんはとんでもない存在です。だから僕は永野さんのことを密かに「神」と呼んでいます。

◆実家を売りたくない人の選択肢

――僕のことはさておき、村上さんは家を貸してくれるオーナーを、どうやって探し出したのでしょうか？

村上：町を歩いていて、「これは空き家だな」と思う家を見つけたら、すぐに隣の家にピンポンします。そして「隣の家の持ち主をご存じでしたら、連絡先を教えてください」と聞くのです。

――すごい行動力ですね。登記簿をとって調べたりはしないのですか？

村上：登記簿をとったりするのは時間もかかるので、僕はやりません。隣の人に聞くと、だいたい3〜4件に1件くらいの確率で教えてもらえますよ。

――かなりの高確率ですね。僕も常々、実家じまいをする人にも「隣人は大事にしましょう」と伝えているのですが、隣人の力はあなどれません。

村上：オーナーはそんな感じで見つけます。入居者を見つけるのは比較的普通の方法で、チラシをポスティングしたり、賃貸情報サイトに情報を掲載したり、あるいは行政の賃貸困難者支援をしているところに登録したり、といった感じです。

――オーナーさんはどういう人が多いですか？

村上：空き家になっても手放さない人たちは、自分が育ってきた実家に思い入れがあり、家を売りたくない人が多いです。実家を相続し、手放すつもりはないけど、このまま放置しておくわけにもいかず困っているという人に、僕のやっていることをお話しすると、たいてい賛同してくださいますね。空き家でも所有している限り固定資産税はかかりますので、少しでも家賃が入ってくればみなさん喜ばれます。

――実家を売りたくないけれど、何もせずに放置してしまっている人はたくさんいると思います。村上さんのビジネスがそんな人たちの受け皿になっているのですね。村上さんが「こんな家はＮＧ」と判断するときはありますか？

村上：基本的にはどんな家でも対応します。ボロボロの家なら、それだけ安い家賃で貸し出せば、「ボロい家でもこの値段なら住みます」という入居者が出てきますから。なので家そのものの状態というよりは、オーナーとどういう契約にするか次第ですね。

――入居者やオーナーとのトラブルはありませんか？

村上：最初のころは説明不足もあって、オーナーとの間で「こちらはずいぶん安く貸しているのに、村上さんはけっこうな家賃をとってるんだね」などと、言い合いになることもありました。でも契約書をきちんと交わすようになってからはトラブルはありません。

入居者に対してですが、どんな物件の入居者でも1回は必ず自分が会ってきちんとお話しするようにしています。会って話をするようにしてからは、入居者の家賃滞納や近隣への迷惑行為などといったトラブルも、ほとんどなくなりましたね。

――やっぱりメールや電話だけでなく、直接顔を合わせて話すことも大事なんですね。

◆常識を超えた発想で空き家問題を解決へ

――村上さんのやられていることは、一般の常識や業界の枠組みからは大きく外れた発想だと思います。サブリースでもなければ、賃貸仲介でもない。そして、誰もが放置して「負動産」になっている空き家に価値を見いだしたところが、僕たち

の共通点でした。空き家でもそこに住みたいと思う人はどこかにいるので、そこをマッチしてあげればオーナーも入居者も喜びます。

村上：始めた当初は仕事になるとは思っておらず、どちらかというと遊びの感覚でした。それがよかったのかもしれませんが、楽しみながら続けているうちに、いつの間にか廃墟不動産投資家なんて呼ばれるようになってしまいました。今では、こちらから空き家を探さなくても、口コミなどで僕のことを知り、オーナーさんのほうから連絡をいただくことが増えています。

――村上さんの手法を学びたいという人も多いのでは？

村上：そうですね。10年ほど前に、僕と同じようなことをやっている人がいないか日本全国を探して歩いたのですが、誰もいませんでした。そこで僕自身がブログやYouTubeなどで発信するようになり、実際に廃墟不動産投資の教室を開いたりもして、今では僕の手法で空き家オーナーと入居者をつなげてビジネスにしている人もたくさんいます。中には僕よりも全然稼いでいる人もいるくらいです。

——ほとんどの日本人は不動産について詳しくありません。そんな人たちがいきなり実家を相続してしまうので、どうしていいのかわからず放置して、空き家になってしまう。だからこそ村上さんや僕のような不動産投資家が、今まで誰もやらなかったアプローチで空き家に新しい価値を吹き込むことが大切だと思っています。

【村上祐章氏プロフィール】

1999年、同志社大学法学部を卒業。2007年、友人の起業の手伝いでポスティングをしていたとき空き家が多すぎることに気づき、空き家を有効活用する方法を考えるようになる。その後「廃墟不動産投資」の手法を考案。2015年には著書『常識破りの「空き家不動産」投資術』（ビジネス社）を出版し、ビジネス誌やテレビなど出演多数。他の著書に『副業・投資で稼ぐための常識はずれ思考』（ごきげんビジネス出版 2021年）『不動産投資の常識を極度に打ち破る！物件無料ゲット法』（ごきげんビジネス出版 2019年）がある。

インタビュー②田中裕治氏（株式会社リライト代表取締役社長）

インタビューの2人目は、再建築不可物件や賃貸物件、中古住宅などを幅広く扱っている、株式会社リライト（神奈川県横浜市）の田中裕治社長です。

田中社長は、他の不動産会社で対応してくれないような物件にも積極的に取り組んでおられ、古い実家を相続して困っている人の相談にものっています。（聞き手・筆者）

◆「難あり不動産」でも売却する

――田中社長のブログなどを拝見していると、全国を飛び回って物件の現地調査にあたられているご多忙な日々なのがよくわかります。

田中：もともと私は東急リバブルという会社で不動産仲介の仕事をしていましたが、

そのうちに「自分で物件を買う仕事がしたい」と思うようになり、独立して現在の会社を立ち上げました。いわゆる買取再販で、個人や不動産会社から中古などさまざまな物件を買い取り、リフォームやリノベーションを行って、新たな買主に販売することを中心にやっています。

――読者のために少し補足すると、不動産仲介は売主と買主のマッチングを行うのが仕事ですが、買取再販は自社で物件を買い、そして自社で売るのが仕事になりますね。さて、田中社長が現在のように、他の不動産会社が扱わないような物件も対応するスタイルに行きついたのは、何がきっかけだったのですか?

田中：買取再販の仕事をしているうちに、いろいろなところから「この物件は売れなくて困っている」「どの不動産会社も扱ってくれない空き家をどうしよう」といった悩みを聞くようになったのです。もちろん私も他社と同じように断ってもよかったのですが、「でも私が断ったら誰も扱ってくれないだろうな」と思うと、放っておくわけにもいかず……。本来の業務以外の空いた時間で、ボランティアのように取り組み始めたのがきっかけでした。買取再販を始めたころは、仲介よりも時間が自由になって休みも増えると思っていましたが、そんな活動をしているので休みもあまりありません。

――田中社長の活動は、ビジネスを超えた社会貢献の領域であると僕も思います。

田中：ありがとうございます。本業でしっかりと利益を出しつつ、他社が引き取らないような空き家などを扱う仕事はある意味、採算度外視でやっています。最近は、「目指せ全国制覇！」と言って、日本の全都道府県の物件を扱うことを目標にしています。

――誰もが見捨てたような空き家などの「難あり不動産」を田中社長が「0円」「1円」などの安い値段で、必要としている買主につないでくださっています。僕も田中社長とお取引させていただいたことがあります。

田中：会社のホームページやブログなどでも「売れない物件でもお任せください」みたいなことを書いているので、検索するとうちの会社があがってくるのかもしれません。「他でどこも扱ってくれなくて困っている」という問い合わせはかなり増えています。

――**難あり不動産を扱う際は、基本的には仲介ですか?**

田中:ほとんどの場合は仲介で、買取を行うことは少ないですね。不動産会社が売りにくいような古い物件の場合、雨漏りとか排水管の破損とか、いろいろな問題が出てくる可能性があります。自社物件だと売却した後も一定の期間は保証しなければいけません。何かあったときには修復するだけで利益が吹き飛んでしまうリスクがあるので、買取はなかなか怖くてできないですね。

――**リフォームはされますか?**

田中:リフォーム費用をかけると採算が取れないですし、また私自身の時間も確保できないので、リフォームをすることはほとんどありません。「古くてボロボロの物件だけど、この値段なら買って自分でリフォームする」という意思のある買主を探して、売主と契約していただくことが私の役目だと思っています。

◆実家を相続して悩んでいる人は多い

――田中社長のところには、親から実家を相続したけれど使い道がなくて困っている人からの相談も多いですか？

田中：実家を相続した人からの相談はかなり多いですね。いろいろな不動産会社に断られてどうしようもなくなり、最後に私の会社にたどり着いたようなパターンだと思います。「これまで29社に断られて、田中さんのところで30社目です」なんて言われると、私としても断れないので、何とかしてあげようと思ってしまうのです。

――売主から相談を受けると、まず何をするのですか？

田中：私が動いてしまうと交通費がかかりますので、「まず地元の不動産会社に相談してみてください」とお伝えするようにしています。
地元の不動産会社にも断られて、いよいよ私のところで引き受けることになれば、まず物件の現地調査に行きます。交通費と調査時の実費だけ売主さんにご負担いただいて、なるべく1回で調査漏れがないように完璧に調べて、その際に現地の不動産会社を回ったりとできる仕事を全部やり、あとは美味しいものを食べて帰ってくる感じです。現地調査でいろいろな土地に行ける楽しみがモチベーションになっている部分はありますね。

――それで全国制覇を目指していると。ちなみに、何県までいったのですか？

田中：37都道府県まではいきましたので、全国制覇まではあと10県ですね。

物件調査のあとは売却活動に入ります。これまでに売却したことのある会社や不動産投資家さんをあたったり、自分で住みたいという人に売却することもあります。その他にもインターネットの物件紹介サイトに登録して、問い合わせしてきた方にアプローチするという一般的な方法も使います。

買主さんが見つかったら、重要事項説明書を作成したり、売買契約の段取りに入っていく形ですね。多くの場合、売買代金は「0円」「1円」など極めて安い金額になります。紹介料などは特にもらっていませんので、基本的には仲介手数料とかかった交通費などの実費だけをいただいています。

――非常に良心的ですよね。でも不動産業として考えると、難あり不動産の売却をお手伝いするというのは、仲介手数料も少なく、トラブルになったら責任を問われるかもしれない。仕事としては、リスクは多いですがリターンはほとんど期待できませんよね。

田中：おっしゃる通りです。ただ、実家を相続してどうしていいかわからず困っていた人が、私が仲介に入って無事に手放すことができると「これでもう維持費や税金を払わなくて済む」「自分の子どもに空き家を残して苦労させなくて済んだ」と、みなさんホッとしたような様子で喜んでくださるのです。その表情を見るのが一番の喜びですね。

――さすがですね。僕は田中社長のことを「日本一やさしい不動産屋さん」と密かに呼んでいます。

田中：そんなに褒められると恐縮です。そこまで大それたものではなく、自分も全国いろいろな土地に行けるので、楽しみながらやっている感じではあります。

◆こういうお客さんは嫌われる

――この本を読んでくださっている人は、使い道のない実家を相続してしまって悩んでいる人が多いのですが、これまで不動産取引とは縁がなかった人もいるかと思います。

不動産会社の人に気持ちよく動いてもらうために、売主側が心がけるべきことや、「こういうお客さんは嫌われる」といったポイントを教えてください。

田中：まず大切なのは「連絡がきちんととれる」ということですね。多くの場合はメールでお問い合わせいただくところから始まるのですが、こちらがメールをお返ししても返信してこない方の場合、その後の対応ができなくなります。また過去には、物件の現地調査に交通費をかけて動いて、「これから売り出します」というタイミングになって連絡がとれなくなった売主さんもいました。そうなると、かけた経費もムダになってしまうので、それ以来、連絡がきちんととれるお客様でないと対応しないことにしています。

――社会人として当たり前のことですよね……。

田中：あとは、取引に必要となる書類をそろえておくとか、買主が物件を見に来る際には事前に少し片づけたり換気をしておくとか、そうした細かいことが大事だったりします。

ごく稀にですが、「不動産屋なんだから、希望通りの金額で売却するのが当然」という態度の方がいらっしゃいます。しかし、今は家が余っている時代ですし、思った値段で売却すること自体が難しいという認識でいないと、お互いが不満を抱えることになります。

――やっぱり、大人として最低限のことをきちんとしましょうという感じですね。会社では当然のようにできていることでも、「お客さん」という立場になったとたんにできなくなる人も多いですからね。

田中：そうなると不動産会社としても、「この人のために頑張ろう」というモチベーションもなくなりますし、仲介する際にも優先度が下がってしまうのは仕方ないと思います。結局、売主さん自身が損をしてしまいますからね。

安い物件を扱っていると、人間性が出る瞬間を目撃することもあります。買主さんも、「どうせ1円なんだから」みたいな態度で来られる場合もありますが、売主さんにとっては思い出の詰まった実家だったりするわけです。やっぱり、大切に使ってくれそうな人に売りたいというのが人情ですよね。

——自分が売主側にせよ買主側にせよ、「上から目線」の態度は禁物ですよね。

◆どうしても売れない物件はあるか？

——物件によっては、長期間なかなか売れなくて困るものもあると思うのですが、そうした場合はどうするのでしょうか？

田中：それこそ、戸建てであれば永野さんのようにどんな物件でも引き取ってくれる方にお知らせすることもあります。どんな物件でも、買主が一人でも見つかれば売却できますので、その意味では売却できないということはないのです。屋根が半分落ちかけているような古い家でも、「自分で屋根を直します」という買主さんが買う場合はあります。

――売れ残って長期化する物件の特徴などはありますか？

田中：物件の特徴というよりは売主さんの考え方の問題で、単純な話ですが、高い値段で売ろうとするから売れないのです。「もともといくらで買った家だから」「リフォームにこれだけの金額をかけたから」などという事情は、買主には関係ありません。自分が決めた値段にこだわる売主の物件は、残念ながらなかなか売れませんね。

――それで固定資産税だけ毎年払い続けるという、一番よくないパターンですね。

田中：売値が高すぎると思うときは、率直に売主さんに言って値段を下げてもらったりもします。でも「1円」「0円」などで売りだしている物件の場合はそれ以上下げようがありませんから、ネットで情報を上げ続けるのも効果が薄いので、「この物件でも引き取ってくれる先はどこか？」と考えて、ピンポイントでその相手に持ち込んでしまったほうが早く売却できます。そうした人脈があるのも、わが社の強みかもしれません。

――田中社長が、他で断られ続けた物件を売却まで導いた件数はどのくらいですか？

田中：正確にはわかりませんが、おそらく200件は超えていると思います。

――すごいですね！　田中社長のような人が1万人いれば、日本に800万件以上あるという空き家問題も瞬時に解決するのに、なんて思うことがあります。さて、これからの日本の空き家問題はどうなっていくと思いますか？

田中：空き家は今後も増えていくのではないでしょうか。国内の人口減少は止まりませんし、空き家を扱うのは先に言ったように不動産会社にとってはリスクが大きいので、誰もやりたがらない。「相続土地国庫帰属制度」で国に帰属できるような空き家も、ごく一部だと思います。新築住宅の建設を規制するか、あるいは不動産会社の仲介手数料を上げて空き家を扱いやすくすれば多少は改善するかもしれませんが、根本的に空き家問題が解決するのは難しいでしょうね。

――なるほど。では今後、実家を相続することが予想される人たちにアドバイスはありますか?

田中：いずれ実家の相続がわかっているなら、とにかく早めに対策するに越したことはありません。親が亡くなって空き家になれば、建物の傷みも早くなります。親が生きていても、認知症になって意思疎通が難しくなれば、実家を処分することもままならなくなります。親が元気なうちに実家の所有権を移転しておいたり、相続でトラブルにならないように遺言書を準備しておくなど、できることはやっておくことですね。最近は「終活」という言葉も一般的になっていますし、親に対して実家の相続について話すハードルも下がってきていますので、ぜひ早めに準備することをお勧めします。

――ありがとうございました。

【田中裕治氏プロフィール】

神奈川県出身。2001年、東急リバブル株式会社入社。不動産仲介業務や相続・建築コンサルティング業務を経験。2013年に株式会社リライトを設立し、代表取締役に就任。再建築不可物件などの「難あり不動産」を扱う専門家としてテレビや雑誌などメディア出演多数。著書に『売れない不動産はない！』（叶舎2023年）『本当はいらない不動産をうま～く処理する！　とっておき11の方法』（ファストブック　2019年）『売りたいのに売れない！　困った不動産を高く売る裏ワザ』（ぱる出版　2019年）『不動産相続対策　貰って嬉しい富動産、貰って損する負動産』（ギャラクシーブックス　2018年）がある。

第6章

知っておきたい相続の基本

「家族信託」を知っておこう

第6章では、実家じまいで必要になる相続の基本知識を説明しましょう。

相続とは「法律で、人が死亡した場合に、その者と一定の親族関係にある者が財産上の権利・義務を承継すること」（デジタル大辞泉）を指します。

つまり親が死んだ後に、実家をはじめとする親の財産を子や親族などがどのように承継するかを決めることです。相続を受ける人（子や親族など）を「相続人」と呼びます。

しかし、親が亡くなってからあわてて相続をはじめようとしてもなかなか難しく、ときには相続人同士のトラブルに発展することもあるのが現実です。親が元気なうちからできる準備をしておくことで、スムーズな相続や実家じまいができるのです。

第2章の「実家じまい5つのステップ」の「【ステップ1】実家をどうするのか親族で話し合う」でも述べたように、相続トラブルを防ぐためには親族が早め早めに話し合っておくことが大切なのです。

そのうえで、親が存命のうちにできる有効な対策として、まずは「家族信託」という制度をご紹介しましょう。

家族信託とは財産管理の手法のひとつです。自身が高齢になって認知症などにより財産管理について正確な判断ができなくなることを想定して、財産を管理する権限を家族に与えておくという仕組みです。

家族信託では、次の3者が登場します。

①委託者……財産を持っている本人
②受託者……財産を預かり管理・運用・処分などを行う人
③受益者……財産からの運用益や処分代金を受け取る人

①委託者から②受託者へと預けられる財産のことを「信託財産」と呼びます。受託者は信託財産の管理や運用、処分を行えるようになるのです。

よくあるパターンとしては、①委託者が親、②受託者が信託会社や子ども、③受益者が親本人や子ども、という形です。

親が高齢で認知症になると、通常なら預貯金の引き出しや不動産の売却などができなくなります。しかし家族信託を行っていれば、受託者が判断してそれらの財産を扱うことができるのです。

似たような制度に「成年後見制度」があります。しかし成年後見制度は、認知症などで本人の意思決定能力が失われてから効力を発揮します。家族信託は本人が元気なうちから委託をすることができますので、本人の意思も十分に反映することができます。

また成年後見制度で不動産を売却しようとすると、家庭裁判所の許可が必要になり、手続きに時間がかかります。家族信託であれば受託者の判断で売却できますので、取引もスムーズに行えるでしょう。

家庭内で誰が受託者になるかは、その家族の話し合いで決めます。兄弟姉妹がいる場合などで「なぜ兄貴が受託者なんだ?」などと誰かが不満を抱えたりすれば、トラブルの種にもなりかねません。受託者や受益者を誰にするかは、よく話し合って決めましょう。

家族信託は使い勝手のよい制度であり、親が元気なうちからできる実家じまい対策として、検討する価値はあります。

相続の方法と種類

一言で相続といっても、いくつかのパターンに分けられます。

まず相続の方法には、①単純承認、②限定承認、③相続放棄の3つがあります。

①単純承認

相続人が被相続人のプラスマイナス含めたすべての財産を引き継ぐ方法です。特に手続きをしなければ単純承認による相続となります。

②限定承認

被相続人の債務がどの程度かわからない場合などに、相続人が相続した財産のプラスになる範囲内で、マイナスになる財産の債務を引き継ぐ方法です。相続した財産以上の債務を引き受ける必要はなくなります。

③相続放棄

相続人が被相続人のすべての財産を相続する権利を放棄することです。債務が多く引き継ぎたくない場合などに使われます。

なお限定承認と相続放棄は、相続開始を知った日から3か月以内に家庭裁判所で手続きすることが必要になります。

続いて相続の種類ですが、①遺言による相続、②遺産分割協議による相続、③遺産分割調停の3つがあります。

遺産分割協議までで話がまとまればいいのですが、遺産分割調停まで至るようだと、いわゆる相続をめぐる親族トラブルの様相を呈してきます。

遺言書は書いてもらっておこう

相続をめぐる親族トラブルを未然に防ぐために最も大切なのは、

「親が元気なうちに遺言書を書いてもらっておく」

ということです。

よくお聞きする悩みとして、「遺言書が大事なのはわかっているけど、親に遺言書を書いてもらうことを説得するのが難しい」というものがあります。

遺言書を書かせるというのは、親の死を想定しているようで、不愉快なのは仕方ありません。しかし最近では「終活」という言葉がブームになったり、遺言書ではありませんが「エンディングノート」が書店で販売されたりもしています。遺言書の話もしやすくなっている環境です。

実家じまいの観点からいえば、「実家をよりよく維持し、活用していくうえで大切なのだ」ということをしっかり伝えて、親に納得してもらいましょう。

そして、親とは定期的に会っておいて、普段から関係性を保っておくことが何よりも大切です。

遺産分割協議で大事な相続財産の把握

相続の際の遺産分割協議で親族間のもめごとを防ぐには、普段から連携をとりあい、意思疎通を図っておくことが何よりも大切です。

相続人となり得る兄弟姉妹や親族について、少なくとも生死と所在は把握しておき、連絡をとれる状態にしておかなければいけません。

相続人の誰かに連絡がとれない状態で、遺産分割協議を進めたとしても、相続人が不足した状態で作成された遺産分割協議書は無効になってしまうからです。

今後は「所有不動産記録証明制度」がスタートします。これは、特定の名義人が所有する不動産の登記内容を証明した書類の交付を、法務局に請求できるようになる制度です。2021年（令和3年）の不動産登記法改正により創設された制度で、2026年（令和8年）2月2日にスタートする予定です。

相続人が被相続人名義の不動産を把握しやすくなり、手続き的な負担や労力も少なくなることが期待されています。

共有名義はできるだけ早く解消する

相続が発生すると、実家などの不動産はいったんすべての相続人による「共有名義」の状態になります。共有持分割合は、法定相続分に準じます。

共有名義とは、文字通り一つの物に対して複数の人が共同で名義を所有している状態のことです。

この共有名義の状態は何かと問題が多く、兄弟姉妹や親族間でのトラブルの種になるため、一刻も早く解決するに越したことはありません。そのために遺産分割協議を行い、どのような形で分けるのかを話し合うのです。

実家などの不動産を共有名義の状態にしていると、共有持分者が単独で活用したり処分することができません。実家を賃貸に出したり売却しようとしても、共有している全員の同意が必要で、何をするにも手間と時間がかかるのです。

そうなると、誰も活用も処分もできなくなるので、結果として空き家のまま放置されてしまうのです。

仮に共有名義のまま、共有持分者の一人が亡くなったとすると、その共有持分が相続によってさらに細分化して共有持分者が増えることになります。権利関係が複雑になり、よりいっそう活用や処分ができない状態となってしまうのです。

最近では不動産会社が、「共有持分だけを買い取ります」といって売却をもちかけてくる場合もあります。共有持分を不動産会社などの第三者へ売却することは可能なのですが、そうすると実家の一部を赤の他人が所有していることになります。

相続人間の話し合いで実家をどうするかの方向性が決まっていたとしても、共有持分者の一人が「やっぱり現金が欲しい」と自分の持ち分を不動産会社に売却してしまい、計画が白紙になってしまうことも起こり得るでしょう。

共有持分を買い取った不動産会社は、他の共有持分者にも安値で買取をもちかけたり、あるいは自社が買い取った共有持分を高値で売りつけようとしたりします。このようにさまざまなトラブルを生みかねないのです。

また、共有名義の不動産には「固定資産税は誰が払うのか？」という問題もあります。

固定資産税は毎年1月1日に固定資産課税台帳に記入されている人（不動産登記簿に所有者として登録されている人）に課税されます。

共有名義の場合、そのうちの一人を「納税代表者」として届け出て、その代表者が固定資産税の「全額」を支払います。届出がない場合は、市町村で納税代表者を指定します。

共有持分割合に応じてそれぞれの共有持分者が固定資産税を支払うのではなく、納税代表者が全額を支払うのです。納税代表者は、いったん立て替えて支払った固定資産税を、後から他の共有持分者から回収する必要があります。

しかし他の共有持分者が「住んでもいない私がなぜ固定資産税を払わなきゃいけないの？」などと言って支払いをしぶったりすることもあり得ます。

固定資産税の支払いもトラブルの種になりますので、やはり共有名義は一刻も早く解消するべきなのです。

配偶者居住権を活用しよう

相続した実家を共有名義の状態にしておくと何かとトラブルの種になります。

もし被相続人の配偶者が相続人のひとりなら、「配偶者居住権」を使って所有権を整理するのも一つの手です。

配偶者居住権とは、「相続開始時に被相続人所有の建物に居住する配偶者が、相続開始後、終身その建物を無償で使用することができる権利」のことです。

例えば、相続財産に不動産評価額が4000万円の実家と、預貯金2000万円があり、妻（配偶者）と子一人で相続するとしましょう。法定相続割合は妻と子で2分の1ずつとなります。

子の相続分を捻出するために実家を売却し現金3000万円ずつ分け合おうとすると、それまで実家に住んでいた妻は住む場所を失い、困ってしまいます。そうした事態を防ぐためにこの配偶者居住権が存在します。

配偶者居住権により、配偶者と子など他の相続人が、実家の居住権と所有権を分割して相続することができるようになりました。

ここでは妻が実家の居住権2000万円相当と、現金1000万円を取得すれば、住む場所を確保しながら一定の現金も手にすることができ、生活費にも充てられます。

子どもは現金2000万円と、実家の所有権1000万円相当を取得します。この所有権は、配偶者居住権と対になった「負担付き所有権」です。妻が亡くなって配偶者居住権が消滅すれば、普通の所有権に戻りますので、その後は自由に売却などができるようになります。

一方、配偶者居住権はあくまでもその家に住む権利です。負担付き所有権者に無断で家を売却したり賃貸に出すことはできません。また、配偶者居住権の権利そのものの売却もできません。

そのことで、共有名義の際に起こりがちな「共有持分を勝手に第三者に売却してしまう」というリスクを防ぐことができるのです。

相続人に配偶者が含まれている場合は、配偶者居住権の活用も選択肢として考えておきましょう。

「相続放棄すれば安心」ではない？

親の財産が実家しかなく、なおかつ「売れない・貸せない・自分で住めない」という負動産の条件に当てはまるようなら、相続放棄も選択肢の一つとしてはあります。

相続放棄は、相続の開始があったことを「知った時から3か月以内」と規定されています。そのため、被相続人（親）が亡くなったことを知らず、10年を経過して初めて知った場合でも、その知った時点から3か月以内なら相続放棄が可能になるのです。

従来は、相続放棄をしても最後に放棄した人の管理責任が残ってしまうケースがありました。しかし2023年4月の民法改正で、「その放棄の時に相続財産に属する財産を現に占有しているときは」との一文が明記されました。

「現に占有」とは「事実上、支配や管理をしている」という意味です。実家から離れて暮らしていた相続人は、「現に占有」していたとはいえないので、相続放棄すれば管理責任は問われないのです。

そのため相続放棄も、今後はより現実的な選択肢になるでしょう。

相続放棄をした場合には土地や建物の所有者にはならないため、本来なら固定資産税の納税義務は発生しません。

しかし、相続放棄をしたにもかかわらず、固定資産税を負担しなければならないケースがあるので注意が必要です。

固定資産税は毎年1月1日時点での所有権者に支払いの義務があります。登記簿上の所有者が亡くなっている場合には、市区町村が独自に調査を行って所有者が推定されます。

法定相続人はここで市区町村に相続人だと推定され、市区町村が管理する固定資産課税台帳に登録されます。そして1月1日時点でこの固定資産税課税台帳に登録されている場合、固定資産税の納税義務が発生してしまうのです。

新たに始まる「相続登記の申告義務化」

2024年4月より、相続をめぐるルールが大きく変わります。「相続登記の申請義務化」と「相続人申告登記」という制度がスタートするのです。

「相続登記の申告義務化」とは、実家などの不動産を相続した相続人は、所有権を取得したことを知った日から3年以内に相続登記（名義変更）の申請をしなければならないという義務が課せられる制度です。

相続登記の申告をしなかった場合、10万円以下の過料が課せられてしまいます。

「相続人申告登記」とは、遺産分割協議がまとまらない場合などに、相続人であることをいったん法務局に届け出ることで、前述の「相続登記の申告義務」を果たしたと見なされる制度です。法務局への届出の際には、自身の戸籍謄本などが必要です。

相続登記の申告が義務化された背景には、空き家問題があります。

親が亡くなって実家などの不動産を相続しても、使い道がなく放置していて空き家になるケースが増えています。そうした空き家の多くは、相続人が相続登記を行っておらず、不動産登記簿を確認しても所有者がわからないのです。また、所有者が判明しても、その所在が不明で連絡がとれないケースも多いのです。

6

こうした土地を、「所有者不明土地」と呼びます。

所有者不明土地は、仮にその土地を使いたいという事業者が表れても売買することができませんので、結局放置されるしかないのです。

所有者不明土地が増えている事態に対処するため、今回の「相続登記の申告義務化」がスタートしたのです。

相続から3年以内という年月は、長いようで短い時間です。遺産分割協議や、その後の実家じまいなどに忙殺されて、相続登記の申告を忘れてしまうと、過料を支払わなければならない事態になってしまいます。

相続が発生したら、すぐ手を打っておくようにしましょう。

借地権付き住宅は地主との関係が大切

実家を相続した際に、「借地権」が付いていた場合は注意が必要です。

借地権とは、借地借家法で定められている「建物を建てるために第三者から土地を借りる権利」のことを指します。

実家に借地権が付いていていた場合でいえば、土地の上に建っている建物の所有権は、借地人、つまり親であったりその相続人が有しています。一方、土地（底地）の所有権は、土地を貸す側である「借地権設定者」（いわゆる「地主」）が持っているのです。

借地権付きの実家を相続した場合、いくつか注意が必要になります。

まず、地代を一定期間滞納すると、借地権契約の解除を求められる可能性が出てきますので、忘れずに支払うようにしましょう。

さらに、家の増改築や新築、さらには家の売却なども、地主の承諾を得たうえで進める必要があります。借地権を売却する場合も同様です。場合によっては、地主に「承諾料」を支払うよう求められることもあります。

しかし、建物を賃貸で第三者に貸す場合は、借地権そのものを貸すわけではありませんので、原則的に地主の承諾は不要です。

とはいえ地主によっては「私の承諾も得ないで勝手なことをしやがって」と気分を害する可能性もあります。

地主との信頼関係を維持するためにも、報告はしておいたほうが無難でしょう。

実家が借地権付きだとわかったならば、できれば親が生きているうちに地主にも挨拶しておいて、直接の話し合いができる人間関係を築いておくことが大切です。

あまりにも不利な要求はのむ必要はありませんが、地主ともめてもいいことは何もありません。実家の活用や売却をスムーズに行うためにも、地主とは良好な関係を続けられるように気を配っていきましょう。

「空き家特例」による節税

「空き家特例」という制度をご存じでしょうか？

正式には「空き家の発生を抑制するための特例措置（空き家の譲渡所得の

３０００万円特別控除）」といいます。

親の死後、誰も住む人がおらず空き家となっていた実家を相続した際、その家屋や土地を相続開始から3年経過した年の12月31日までにその家屋や土地を売却し、なおかつ定められた要件に当てはまれば、譲渡所得金額から最高で３０００万円を控除することができるのです。

譲渡所得は次の計算式で求められます。

【譲渡所得＝譲渡価格（売却金額）－必要経費（取得費＋譲渡費用）－特別控除額】

対象となる空き家は、次の３つの要件をすべて満たさなければなりません。

- **１９８１年（昭和56年）５月31日以前に建築されたこと**
- **区分所有建物登記がされている建物でないこと**
- **相続の開始の直前において亡くなった人以外に居住をしていた人がいなかったこと**

そのほかにも、一定の耐震基準を満たすことや、空き家を取り壊した後に他の建築物などを建築していないこと、他の特例を受けていないことなど、いくつかの要件が課せられます。

空き家特例は、従来までは「2023年（令和5年）12月31日までの譲渡」と期間が定められていましたが、期限が延長され「2027年（令和9年）12月31日までの譲渡」まで適用されることになりました。

特例を受ける要件を満たすには、なかなかハードルは高いかもしれませんが、実家が当てはまる可能性があれば調べてみてもいいでしょう。

売却以外の土地活用による相続税対策

実家の土地を売却せずに別の活用をすることで、土地の相続税評価額を下げて、相続税の負担を軽減できる場合もあります。

①建物を貸すことで評価額が3割下がる

建物を第三者に貸し出すことで、借家権割合による相続税評価額の減額を行うことができます。

②「貸家建付地」で評価額が1~2割下がる

貸家建付地とは、他人に賃貸している建物が建っている土地を指します。借地権割合と借家権割合に応じて、相続税評価額を下げることができます。

③小規模宅地等の特例で最大8割評価額が下がる

小規模宅地等の特例とは、被相続人が自宅や店舗などとして使用していた宅地を相続する場合に、宅地の価格を一定の面積まであれば50~80パーセントまで減額できる制度です。

これらの手法を用いて、相続財産を圧縮して相続税の節税をすることもできます。ご自身の実家にあてはまる条件があれば、検討してみてもいいでしょう。

相続税対策は「やりすぎない」こと

さて、相続の基本的な知識について説明してきましたが、最後にもう一度、大事なことを述べておきましょう。

「相続税対策はやりすぎない」

長い目で見ればこのことが、個人にとっても社会にとっても非常に大切なのです。

実家を相続して、相続税対策を考え出すと、不動産関係者からこのようなアドバイスを受けることがあるかもしれません。

「古くなった家は解体して更地にして、アパート（マンション）を建てましょう。相続税対策にもなりますし、賃貸収入も見込めますよ！」

たしかにアパートを建てれば、先述のとおり借家権割合や貸家建付地、小規模宅地の特例などを用いて、相続税は圧縮できるでしょう。

パッと聞いただけでは美味しい話のように思われるかもしれません。しかし、全国各地でこのような甘言に乗ってアパートを建てまくった結果が、いまの空き家問題につながっている面もあるのです。

全国各地をまわっていると時折、「なんでこんな誰も住んでいない田舎に、アパートがたくさん建っているんだ？」と不思議になるような光景に出くわすことがあります。

郊外の広い土地をもっている地主のところへ、不動産関係者が「相続税対策」だと営業をかけて、多数のアパートを建てさせたのでしょう。

もちろん、郊外でも大きな工場があったり大学があるなど、賃貸需要が強い地域はあります。賃貸経営の戦略があってアパートを建てるのは何も問題ありません。

しかし賃貸需要もないところに集合住宅を建てても、空室はなかなか埋まりません。空き家が増えるだけでなく、思っていたような家賃収入も得られません。踏んだり蹴ったりです。

定員割れが続くと、大学や短大でさえ学生募集の停止、廃校となる可能性のある時代です。アパート建設は相続税対策としては有効ではありますが、それによって闇雲に空き家や空室を生み出さないよう、多角的なアドバイスを聞いたうえで慎重に検討すべきです。相続税対策という言葉に、安易に乗っからないように注意しましょう。

相続税対策で支払う税金を少なくすることばかり考えるのではなく、その分の時間と労力を本業に使う意識でいた方が、たくさんお金を稼げることはいうまでもありません。

おわりに　数百軒の実家じまいをサポートして得た極意

僕はこれまで、自分自身の「山投資」「家投資」で全国各地を動き回るかたわら、数百軒におよぶ実家じまいをサポートしてきました。

その経験から大事だと思われるポイントを本書にまとめさせていただいたのですが、最後に読者のみなさんへ「極意」をお伝えしておきましょう。

「目先の利益を見て動くと、長期的には失敗する」

なんだか人生哲学のように聞こえるかもしれませんが、本当にこの通りなのです。

実家じまいも一種の不動産投資の側面があります。不動産投資において、目先の利益を見て動く人は、こんな行動をとりがちです。

「少しでも高く売って儲けよう」
「少しでも安く買って得をしよう」
「不動産会社への仲介料を浮かせたいので直接取引しよう」

「管理会社への支払いがもったいないから賃貸物件を自主管理しよう」

こうした考え方で活動している人は、瞬間的に調子のよいときはあっても、長期的には失敗しています。そんな人を何人も見てきました。

仲介料を浮かせようと、物件の所有者に直接取引をもちかける人のところに、次の物件のいい情報が入ってくるわけはありません。仮に取引でトラブルになっても誰も守ってくれないので、自分ですべて解決する必要があります。

賃貸物件を自主管理しようとして、入居者のトラブルや家賃滞納、夜中の電話など、度重なるクレーム対応に疲弊してしまい、賃貸経営をやめる人もたくさんいます。自主管理の失敗は、賃貸経営をやめる大きな理由です。

不動産はリアルな場所と人が介在する実物資産です。売主、買主、賃借人、不動産仲介会社、管理会社、不用品回収業者や工事をする大工さん、さらには近隣住民など、さまざまな関係者がいて存在しています。

そうした人間関係のなかで、他人を損させて自分だけが得をしようとする振る舞いは、巡り巡って自分の首をしめる結果になることが多いのです。

実家じまいでも、自分だけが得をしようとして相続財産をたくさんもらおうと主張する人や、面倒な実家の片づけは兄弟姉妹に押しつける人がいますが、親族間の人間関係が悪くなったり自分自身の評判が悪くなってしまいます。幸せな人生とは到底思えません。

実家を売却する段階になっても、相場を無視して高い値段で売ろうとするから、買い手がつかずにずっと空き家のままで放置されてしまう。その間もずっと固定資産税や維持費を払い続けるという状態に陥り、お金と時間をドブに捨ててしまうようなことをしているのです。

自分が得をしたいという、目先の利益にとらわれた行動によって、人生を浪費しているのです。

そんな短期的な欲望に支配された日本人の行動の積み重ねが、全国で増え続けている空き家問題だといえるかもしれません。

実家じまいがうまくいく人には、目先の利益にとらわれず、自分に不要なものはスパッと手放す潔さがあります。

「こんな安い値段で実家を手放すなんてもったいない」ではなく、「時間と労力をかけずに実家じまいを終わらせられるなら、サッサと引き取ってもらおう」と決断できるのです。短期間で実家じまいを終わらせ、また自分の本業に戻ってその分を稼ぎ、人生を有意義に過ごすことを選択するのです。

僕の周りでは、実家を必要とする次の誰かに託して、空き家にすることなく新たな価値を生んでいる事例がたくさん出てきています。

僕自身の経験からも確信をもっていえるのですが、人間は、何かを手放した分だけ、新しい何かが自分の器に入ってきます。

その時点での、自分の器の大きさは決まっています。いっぱいになっている器に、新しく何かを入れることはできません。先に何かを手放すからこそ器にゆとりが生まれて、そこに新しい何かを入れることができるのです。

先に何かを手放すことが必要なのです。

これはお金やものだけではありません。人の縁も同じです。たとえ誰かと離れたとしても、それは新しい誰かと出会うために必要な準備だったのです。

実家じまいは、親が存命であれば親との別れの準備であり、親がすでに亡くなっ

ていれば別れの仕上げとなる営みです。しかし、後ろ向きに考える必要はありません。実家という大きなものを手放すことで、あなたは新しい何かを得られるのですから。

本書を読んだみなさんが、実家じまいをスムーズに終えられ、価値ある自分自身の人生を送られることを念願しております。

そして僕がお手伝いできることがあれば、全国各地どこへでも飛んでいきますので、ぜひお声がけください！

実家の物件概要

所有者（名義人）＿＿＿＿＿＿＿＿＿＿＿＿＿＿＿＿

購入時の契約書関係書類　　有・無

住所＿＿＿＿＿＿＿＿＿＿＿＿＿＿＿＿

地番＿＿＿＿＿＿＿＿＿＿＿＿＿＿＿＿

交通＿＿＿＿＿＿＿＿＿＿＿＿＿＿＿＿

面積　（土地　　　　㎡／建物　　　　㎡）

築年月＿＿＿＿＿＿＿＿＿＿＿＿＿＿＿＿

構造＿＿＿＿＿＿＿＿＿＿＿＿＿＿＿＿

間取り＿＿＿＿＿＿＿＿＿＿＿＿＿＿＿＿

上水　　公営・井戸

下水　　本下水・浄化槽・汲取り

ガス　　都市ガス・プロパンガス

接道状況＿＿＿＿＿＿＿＿＿＿＿＿＿＿＿＿

借地権　　有・無

再建築　　可・不可

境界　　確定・未確定

実家の維持費

固定資産税　＿＿＿＿＿＿＿＿円／月

都市計画税　＿＿＿＿＿＿＿＿円／月

水道料金　＿＿＿＿＿＿＿＿円／月

電気料金　＿＿＿＿＿＿＿＿円／月

ガス料金　＿＿＿＿＿＿＿＿円／月

その他（修繕費・ごみ処理費・帰省交通費など）
＿＿＿＿＿＿＿＿円／月

合計　円／月

実家じまいのTO DO リスト

親が元気なうちにやっておきたいこと

- [ ] 親の意思を確認する
- [ ] 親族で話し合っておく
- [ ] 実家の状況の確認する
- [ ] その他の財産の状況を確認する
- [ ] 相続人のリストアップ
- [ ] 遺言状の作成
- [ ] 所有権の移転
- [ ] 財産の管理方法を決める（家族信託・成年後見制度など）

相続が発生したらすること

- [ ] 親族で協議・リーダーを決める
- [ ] 相続人への連絡
- [ ] 実家じまいの方針を決定
- [ ] 各分野の業者を調べて相談する
- [ ] 重要書類や貴重品の確保
- [ ] 不用品の処理（残置物の所有者への連絡）
- [ ] リフォームをする

実家じまいのリフォームリスト

建物	費用概算
□ 外壁・屋根	円
□ 玄関ドア	円
□ 畳	円
□ フローリング	円
□ キッチン	円
□ トイレ	円
□ 浴室	円
□ エアコン	円
□ 照明	円
合計	円

庭	費用概算
□ 木	円
□ 石	円
□ 池	円
□ ブロック塀	円
合計	円

相続人の連絡先リスト

①	氏名：	被相続人との続柄：	親等
	住所：	電話番号：	
②	氏名：	被相続人との続柄：	親等
	住所：	電話番号：	
③	氏名：	被相続人との続柄：	親等
	住所：	電話番号：	
④	氏名：	被相続人との続柄：	親等
	住所：	電話番号：	
⑤	氏名：	被相続人との続柄：	親等
	住所：	電話番号：	
⑥	氏名：	被相続人との続柄：	親等
	住所：	電話番号：	
⑦	氏名：	被相続人との続柄：	親等
	住所：	電話番号：	

各分野の業者連絡先リスト

①	業者名（社名・事務所名など）	業務内容	費用概算
	住所		連絡先
②	業者名（社名・事務所名など）	業務内容	費用概算
	住所		連絡先
③	業者名（社名・事務所名など）	業務内容	費用概算
	住所		連絡先
④	業者名（社名・事務所名など）	業務内容	費用概算
	住所		連絡先
⑤	業者名（社名・事務所名など）	業務内容	費用概算
	住所		連絡先
⑥	業者名（社名・事務所名など）	業務内容	費用概算
	住所		連絡先

永野彰一（ながの・しょういち）

投資家・実業家　実家じまいアドバイザー

1990 年東京都生まれ。早稲田大学法学部卒業。
14 歳の時に取得した「乙種第 4 類危険物取扱者」を手始めに、高校在学中の 2 年間に 100 を超える資格を取得。最年少取得記録を多数保有している。現在は不動産投資家として活動し、全国に数百の山を所有。「山王」と呼ばれている。仕事で全国各地を飛び回る中、数百軒の実家じまいをサポートしてきた。テレビ東京『日経スペシャル ガイアの夜明け』フジテレビ『ホンマでっか!? TV』などメディアにも多数出演。主な著書に『一生お金に困らない山投資の始め方』『一生お金に困らない家投資の始め方』（クロスメディア・パブリッシング）『山王《やまおう》が教える 1 円不動産投資』（自由国民社）『成功したければ行動しろ！ 永野彰一の成功哲学』（アルソス）がある。

永野建設 HP

丸わかりシリーズ

丸《まる》わかり
実家《じっか》じまい

2024年1月11日　初版第1刷

著　者　永野彰一
発行人　松崎義行
発　行　みらいパブリッシング
〒166-0003 東京都杉並区高円寺南4-26-12 福丸ビル6F
TEL 03-5913-8611　FAX 03-5913-8011
https://miraipub.jp　MAIL info@miraipub.jp
企画協力　川本真由
取材協力　村上祐章　田中裕治
編　集　田中むつみ
ブックデザイン　洪十六
発　売　星雲社（共同出版社・流通責任出版社）
〒112-0005 東京都文京区水道1-3-30
TEL 03-3868-3275　FAX 03-3868-6588
印刷・製本　株式会社上野印刷所

ISBN978-4-434-33224-1 C0036